中國近代教育的奠基者

——八位大學校長

蔣夢麟、胡適、張伯苓、梅貽琦、
竺可楨、任鴻雋、羅家倫、胡先驌。

智效民◎著

認識大陸作家系列

前言

智效民

　　近年來，我在研究中國現代知識份子的時候，接觸到許多大學校長的材料。比如北京大學的蔡元培、蔣夢麟、胡適，清華大學的羅家倫、梅貽琦，南開大學的張伯苓，浙江大學的竺可楨，四川大學的任鴻雋，中正大學的胡先驌，都為中國現代教育事業打下很好的基礎，他們的思想理念、行為方式、人格風範是一筆寶貴的財富。只可惜由於歷史的原因，我們非但沒有繼承，反而在全面否定後將它們全部拋棄。這就使現代學術教育傳統被人為地中斷了。學統的中斷，讓我們迷失方向，走了很大彎路。因此我覺得有義務儘快梳理一下他們的人生經歷、教育思想和人格風範，為新世紀的教育改革提供某種借鑒。

　　在我看來，這些老校長做人做事雖然各有千秋，但他們卻有許多共同的特點。我把這些特點概括為「懂教育，負責任、重人才，沒私心，有魄力」等幾個方面。這話看似老生常談，但如果與具體事例結合起來，也能成為一面鏡子，讓我們看出問題，找到差距。

（一）「懂教育」的含義是：
一要有正確的教育理念，二要摒棄官本位意識

一談到「懂教育」，人們往往在管理層面考慮較多，而對管理者的定位以及學校的職責關注不夠。其實，懂教育的含義一是要有正確的教育觀念，二是要明確的自我定位。

近年來，人文教育的缺失和應試教育的危害引起廣泛關注。但是在討論這些問題的時候，人們並不注意人文教育的核心內容是什麼，其結果還是不能理解教育的真諦。

所謂人文教育，是歐洲文藝復興時期提出的一種全新的教育理念，其核心是反對神權，提倡人權。人文主義者認為人是萬物之靈，每個人都有通過獨立思考來認識這個世界、享受美好生活的權利，而教育本身就是啟發人們獨立思考，讓人們認識世界、享受生活的一個過程，因此人文主義教育是對個人能力和生命價值的最大肯定。

這種理念在文藝復興時期的文藝作品中有深刻表現。比如拉伯雷在《巨人傳》中就講了這樣一個故事：國王的兒子卡岡都亞起初接受的是經院教育，那些空洞的知識和死記硬背的方法使他越學越傻。後來國王請來人文主義學者，教他學習文學、數學、幾何、天文、地理、醫學等知識，並注重體育、旅行、探險、參觀和各種遊戲，才使他聰明起來。為此，卡岡都亞讓自己的兒子也接受人文主義教育，結果是一代比一代更聰明。

從這個角度來看，當今教育的主要問題不僅是經費短缺，更重要的是手段落後，觀念陳舊。多少年來，在尊重知識、尊

重人才的旗號下，人們把教育視為培養人才的一種手段，把上大學當作改變命運最好途徑。在這種情況下，我們的教育在飽受經費不足之苦的同時，成了全社會最關心的問題和學生、老師、家長們最大的負擔。於是，「知識改變命運」的口號便成了「書中自有黃金屋⋯⋯」的翻版，一年一度的高考也成了科舉制度的再現。

出現這種尷尬的局面，與現代教育的模式有關。自從工業革命以來，人們被大工業生產的威力所震撼，也想把學校辦成工廠，教室辦成車間，讓校長成為廠長，教師成為工人。在這種情況下，學生便只能是任其加工的原料或零件了。他們本身所具有的天賦與無限的可能性，便淹沒在這種「人工業生產」的流程中。這種新的教育模式在清朝末年傳到中國以後，曾經起過積極作用，並形成廢科舉、辦學校的社會潮流。與此同時，實用主義教育觀念也承襲洋務運動的衣缽，在較長時期甚囂塵上。好在當年還有蔡元培、胡適、梅貽琦等一大批教育家看到了其中的危害，再加上辦學自由、教育獨立等制度保障，才沒有出現較大的弊病。只是到了上世紀五十年代全面學習蘇聯以來，教育領域的「批量性人才生產」才發展到不可收拾的地步。

然而，學校是一個單純傳授知識的地方嗎？學生是任人加工的原料或零件嗎？學習是為了將來的工作做準備嗎？有用人才能夠大批量生產並通過考試來檢測是否合格嗎？讓我們看看先哲的觀點和做法，就可以發現這種想法是多麼荒唐。蘇格拉底說，真正的知識存在於人的內部，教師的作用是喚醒潛藏於學生內心的知識，使之達到意識的層面。因此，他認為教師應該利用提問和對話的方

式來啟動學生的潛在意識，而不是傳授所謂的知識或智慧。杜威也認為，人的知識和經驗是自身與環境相互作用的結果，如果教育不能適應受教育者內心的需要，而是成為一種外來的壓力，就會扼殺人的天性。基於這一理念，他在提出「教育是生活的過程，而不是未來生活的準備」的同時，還指出現代教育的失敗，往往是因為人們「把學校當作一個傳授某些知識，學習某些課業，或養成某些習慣的場所」，其結果不僅扭曲了教育，也使人們為了虛幻的將來失去現在。這種思想在中國古代教育中也有深刻體現。孔子所謂教學相長，明清時代私塾和書院中先生對學生的人格薰陶，就是最生動的體現。可惜隨著社會的變革，這些傳統早已丟失，才使我們的教育變成今天這種模樣。

由於人們把大學誤認為是單純學習知識的地方，因此許多人上大學選專業，往往是為了將來找個好工作，這反映了我們對教育的錯誤理解。如今大學的專業設置過多過細，就是違背大學宗旨和教育規律的具體體現。另外，我們的教材越來越深，科目越來越多，課時越來越長，作業越來越重。學校總想用考試來整治學生，甚至把考試當作賺錢發財的手段。有人說現在的學校成了嚴酷的訓練營，可怕的煉丹爐，是有根據的。在這種情況下，一個大學校長如果沒有正確的教育理念，不明白教育的真諦，即便是具有很強的管理才能，也不可能把學校引上正路。

懂教育的第二個含義是指大學校長一定要摒棄官本位意識，給自己找到一個合適的位置。由於現行體制和文化傳統等原因，中國的官本位意識非常嚴重。許多人以為大學校長也是官，這是非常錯誤的。

　　最近大家對胡適與魯迅的比較非常關注,我在網上看到一篇文章,說魯迅沒當過什麼官,但胡適卻當過駐美大使和北大校長。還有一篇文章說,胡適多次出國是拿著公款旅遊。這些話說明了作者的無知。他們不知道:第一,大學不是一個行政機關,因此大學校長不是官;第二,當年文化教育經費的管理與現在不一樣,不是校長的「一枝筆」說了算,因此胡適不可能想花多少就花多少。

　　既然大學不是行政機關,那麼它是個什麼地方呢?對於這個問題,蔡元培有很好的解釋。他說:大學不是販賣畢業證和灌輸固定知識的場所,而是一個研究學理的地方。這地方採取的是「囊括大典,網羅眾家」態度,奉行的是相容並包、思想自由的原則。因此,校長不是一個行政長官,而是一個學術研究的組織者、領導者。他既沒有服從上級的義務,也沒有裁定學術思想的權力。他的最大職責就在於提倡思想自由,維護學術尊嚴,爭取教育獨立。1919 年五四運動之後,蔡元培因為不能履行這些職責,只好憤然辭職。他在〈不肯再任北大校長的宣言〉中說,他每天被一大堆無聊的公文和事務所包圍,還要迎來送往,與教育部那些一知半解的官員周旋,因此他感到痛苦不堪。另外,他認為「思想自由是世界大學的通例」,因此在他主持北大校務的時候,為了「稍稍開點風氣,請了幾個比較有點新思想的人,提倡點新的學理,發佈點新的印刷品,」但當局卻把這種做法視為洪水猛獸進行干涉。因此他聲明「我絕對不能再作不自由的大學校長」了(《蔡元培全集》第 3 卷第 298 頁,中華書局 1984 年版)。這與最近陳丹青辭去清華大學特聘教授的原因基本一致。我舉這個事例,並不是主張凡遇類似事情就採取蔡元培的做法,而是說真正的大學校長應該有這種理念。陳丹青辭

職的消息傳出後，網上有篇文章，意思是說陳丹青不玩了，但我們
還要玩下去。不過，我們繼續玩的目的不是遷就錯誤，而是為了解
決問題。陳丹青接受記者採訪時也很欣賞這個觀點。因此我認為懂
教育的第一個含義是絕不要把校長當成一個官。只有這樣的校長，
才能把學校辦好。

（二）「負責任」的含義是：
　　一要培養學生的研究興趣，二要防止把他們變成不會思
　　考的機器，三要鼓勵他們實行自治

　　因為校長不是官，他就不需要對上級負責，而是只要對學生負
責就行。但是如何負責任，負什麼責任，也大有講究。

　　所謂對學生負責，首先是要培養他們研究學問的興趣。許多人
以為研究學問是學者的事，其他人不必介意，這是錯誤的。1929
年7月，中國公學十八級學生畢業，擔任校長的胡適語重心長地對
他們說了下面一番話。

> 諸位畢業同學：你們現在要離開母校了，我沒有什麼禮物送
> 給你們，只好送你們一句話罷。
> 這一句話是：「不要拋棄學問。」以前的功課也許有一大部
> 分是為了這張畢業文憑，不得已而做的，從今以後，你們可
> 以依自己的心願去自由研究了。趁現在年富力強的時候，努
> 力做一種專門學問。少年是一去不復返的，等到精力衰時，
> 要做學問也來不及了。即為吃飯計，學問決不會辜負人的。

吃飯而不求學問，三年五年之後，你們都要被後進少年淘汰掉的。到那時候再想做點學問來補救，恐怕已太晚了。

接下來，胡適針對許多人所謂沒有時間、不具備條件等問題談了自己的看法。他說，這其實都不是問題，真正的問題是你對自己負不負責任。他告誡自己的學生：「學問便是鑄器的工具，拋棄了學問便是毀了你們自己。」（《胡適全集》第 3 卷，第 825-826 頁）

這裏涉及到一個很重要的問題：上大學的目的究竟是什麼。是為了解決「飯碗」問題，還是為了讓生命更有意義？許多人把上大學當作「搶飯碗」（蔡元培語）的敲門磚，一旦文憑到手，就以為不需要做學問了。他們不知道，即使是為了吃飯，學問也具有長久的競爭力。因此，在目前的社會機制不可能為年輕人提供足夠就業機會的情況下，不要拋棄學問，乃是每一個人的最好選擇。何況，人生的目的絕不僅僅是為了找到一碗飯吃。胡適說，生命的意義是每個人賦予它的。「人生固然如夢，但一生只有這一場做夢的機會」。因此，要想讓「努力做一個轟轟烈烈像個樣子的夢」，而不是「糊糊塗塗懵懵懂懂混過這幾十年」光陰（《胡適全集》第 3 卷，第 818 頁），唯一的選擇就是不要拋棄學問。

此外，對學生負責還有一個把他們培養成什麼人問題。前面說過，由於學校像工廠，就很容易讓學生成為千人一面的零件或機器。為了避免現代教育制度的這種缺陷，當年的老校長都大力提倡通才教育。他們認為，通才教育與專才教育的根本區別，就在於前者是為了培養人，後者是想把人變成機器。

　　關於這個問題，愛因斯坦的話非常精闢。他說：「（僅僅）用專業知識教育人是不夠的。通過專業教育，他可以成為一種有用的機器，但是不能成為一個和諧發展的人。要使學生對價值有所理解並且產生熱烈的感情，那是最基本的。他必須獲得對美和道德上的善有鮮明的辨別力。否則，他連同他的專業知識就更像一隻受過很好訓練的狗，而不像一個和諧發展的人。」（《愛因斯坦文集》第 3 卷 310 頁，商務印書館 1976 年版）他還說：「……另一方面，我也要反對認為學校必須直接教授那些在以後生活中要直接用到的專業知識和技能這種觀點。生活所要求的東西太多種多樣了，不大可能允許學校採取這樣的專門訓練。除開這一點，我還認為應當反對把個人當作死的工具來對待。學校的目標始終應當是：青年人在離開學校時，是作為一個和諧的人，而不是作為一個專家。照我的見解，在某種意義上，即使對技術學校來說，這也是正確的，儘管技術學校的學生將要從事的是一種完全確定的專門職業。發展獨立思考和獨立判斷的一般能力，應當始終放在首位，而不應當把獲得專業知識放在首位。如果一個人掌握了他的學科的基礎理論，並且學會了獨立地思考和工作，他必定會找到他自己的道路，而且比起那種主要以獲得細節知識為其培訓內容的人來，他一定會更好地適應進步和變化。」（同上，146-147 頁）對照這兩段話，就可以發現我們的教育為什麼會失敗。

　　此可見，不要讓學生為了當專家而喪失獨立思考的能力，不要讓他們淪為「一隻受過訓練的狗」，而要讓他們成為一個和諧發展的人，就是對學生負責。在這方面，學電機出身的梅貽琦和氣象學家竺可楨看得最清楚，努力得最有效。

梅貽琦 1931 年擔任清華大學校長的，他一上任就告誡學生：「有人認為學文學者，就不必注意理科；習工科者就不必注意文科，所見似乎窄小一點。學問範圍務廣，不宜過狹，這樣才可以使吾們對於所謂人生觀，得到一種平衡不偏的觀念。對於世界大勢文化變遷，亦有一種相當瞭解。如此不但使吾們的生活上增加意趣，就是在服務方面亦可以加增效率。這是本校對於全部課程的一種主張。盼望大家特別注意的。」（《梅貽琦教育論著選》，第 17 頁，人民教育出版社 1993 年版）後來他一再強調，大學教育的目的，「確乎不在養成一批一批限於一種專門學術的專家或高等匠人」，而在於「培植通才」。因此，即使是工業方面的人才，「對於心理學、社會學、倫理學、以至於一切的人文科學、文化背景，都應該有充分的瞭解」；相比之下，「嚴格的自然科學的認識倒是比較次要」的了（同上，第 184-185 頁）。

竺可楨認為：「現在大學教育，注重各種專門知識之傳授，而忽略品性德行之陶冶」；這不僅不利於科學精神的形成，而且還會導致「社會道德與政治風氣之敗壞」。（《竺可楨全集》第二卷，第四五三頁，上海科技教育出版社 2004 年版）有鑒於此，他一方面倡導人文知識和科學知識並重的通才教育，一方面主張在大學應該推行導師制。竺可楨是 1936 年擔任浙江大學校長的。4 月下旬，他到學校視察並在體育館發表演講時說：「教授是大學的靈魂，一個大學學風的優劣，全視教授人選為轉移。假使大學裏有許多教授，以研究學問為畢生事業，以教育後進為無上職責，自然會養成良好的學風。」他還說：「大學所施的教育，本來不是供給傳授現成的智識，而重在開闢基本的途徑，提示著智識的方法，並且培養

學生研究批判和反省的精神，以期學者有自動求智和不斷研究的能力。」（同上，第334-337頁）5月18日，他在宣誓典禮結束後致答詞時指出：「學校不是一個工廠，⋯⋯大學目的，不在乎使大學生能賺得麵包，而在乎使他吃起麵包來滋味能夠特別好」。（同上，第351頁），因此，大學教育不應該把人變成賺錢的機器，而應該讓學生懂得怎樣做人，怎樣生活。他告誡自己的學生，千萬不要有做大官賺大錢的想法，否則就有變成貪官污吏的可能。9月18日是國恥紀念日，他在新生座談會上說：大學生是人生最快活的時期，沒有經濟負擔，也沒有謀生的問題，因此大家除了誠實做人、勤懇求學之外，最要緊的是要有一個清醒的頭腦，這比單純掌握一門實用技術更重要。「專精一門技術的人，頭腦未必清楚，反之，頭腦清楚，做學問辦事業統行。我們國家到這步田地，完全靠頭腦清醒的人才有救。」（同上，第371-372頁）

竺可楨是哈佛大學畢業生，1936年哈佛大學建校三百周年時，他還介紹了該校校長康諾德的辦學方針：「第一，主張學校思想之自由，即所謂 Academic Freedom。反對政黨和教會的干涉學校行政與教授個人的主張；第二，學校所研究的課目，不能全注重於實用，理論科學應給予以充分發展之機會。」（同上，第370頁）哈佛大學之所以成為世界一流，顯然與它的辦學方針有關。這對我們那些想要創建世界一流大學的校長們是個很好的啟示。

值得注意的是，梅貽琦和竺可楨都主張大學一年級不分專業，都認為只重視專業知識而不重視人格操守的人，對社會的危害要比沒有知識的人更大。因此如何正確地引導學生，並想辦法改變那些不正常的狀況，才是對學生負責。

　　除了激發研究興趣，提倡通才教育之外，培養學生的自治能力也很重要。前幾年楊東平編了一本名為《大學精神》的書，其中陶行知、蔣夢麟、林礪儒的四篇文章涉及到這個問題。陶行知創辦了曉莊師院，是我國著名的教育家。五四運動時，他寫了一篇〈學生自治問題之研究〉的文章，其中說：所謂學生自治，是對幾千年來保育主義教育的反動，它「不是自由行動，乃是共同治理；不是打消規則，乃是大家立法守法；不是放任，不是和學校宣佈獨立，乃是練習自治的道理」（《大學精神》第 261 頁，遼海出版社 2000 年版）。他認為：共和政體與專制政體的最大區別，就在於前者由自治的公民組成，後者由被治的順民組成。順民被治，尚可苟安；公民自治，則可太平。如果一個國家的人民已經有不甘被治的要求，又沒有實行自治的能力，那將是最可怕的一種局面。因此，公民自治是共和國的立國之本，在學校中培養學生的自治能力，是達到長治久安的必由之路。反之，如果我們的大學裏不能用自治的方法培養公民，而是用管制的方法造就順民，那麼我們的共和國就有名不符實的可能。在這篇文章中，陶先生還就學生自治的利弊、範圍、以及它與學校的關係等問題談了自己的看法。他認為，在學校中實行學生自治不是為了爭權奪利，不是為了駕馭別人，更不是要與校方分庭抗禮。學生自治的目的，一是為了培養獨立的人格，以改變專制時代大事小事都要由師長包辦的習慣；二是為了讓學生關心公眾幸福、承擔共同事務、明辯公共是非。他強調，凡是願意做共和國公民的學生，只要大家不願爭權，而願服務，不願凌人，而願治己，不願對抗，而願協助，不願負氣，而願說理，就能把學生自治搞好。

　　蔣夢麟在上世紀二、三十年代當過北京大學校長。他說：「我覺得北大這麼大的一個學校，研究學問、注重品行的件件都有，就是缺少團體的生活。所以我希望大家，一方各謀個人的發達，一方也須兼謀團體的發達。」（同上，第 275 頁）他強調：「學生自治，並不是一種時髦的運動，並不是反對教員的運動，是『移風易俗』的運動，是養成活潑潑地一個精神的運動。」（同上，第271 頁）

　　林礪儒早年在多所大學任教，上世紀五十年代曾任北京師範大學校長、教育部副部長。他指出：「學生自治是學校裏必不可少底訓練。……我們中國人向來沒有自治底習慣，也可以說中國人舊習慣和團體自治正相反對。因此，學生自治在中國學校裏，更該負起改造國民性底重大使命。」（同上，第 278 頁）這說明，學生自治既是老一代教育家的共識，也是大學生進入社會的必要準備。然而時至今日，國人對此還沒有清醒的認識。舉一個眾所周知的事例：許多大學為了維護秩序，雇傭大量保安人員，這其實是對學生能力的最大蔑視。在這種情況下，當代大學生怎能做到自理、自律、自強、自信呢？

　　寫到這裏，又想起近年來關於大學生道德滑坡的議論。值得玩味的是，儘管有關部門一再強調德育課如何重要，但該課程卻始終處於「教師不好教，學生不愛學」的尷尬境地。我認為，如果我們的校長、老師和有關方面的負責人能夠仔細研究一下學生自治的真諦，弄明白「智育注重自學，體育注重自強，德育注重自治」（陶行知語）的道理，這個問題是很好解決的。

（三）「重人才」的含義是：
不僅要禮賢下士，更要無為而治

所謂尊重人才，首先表現在求賢若渴、不拘一格降人才方面。在這方面，老校長們堪稱後人的表率。

蔡元培主持北大時，為了提倡新思想，曾聘請胡適、梁漱溟來北大任教。當時二人都很年輕，才二十多歲，胡適還有個洋文憑，梁漱溟根本沒有學歷，後來錢穆去燕京大學任教也沒有學歷。相比之下，如今的大學門檻越來越高，非博士進不去，進去也呆不住，逼得許多四、五十歲的大學教師為了那張博士文憑，不得不去充當現代教育制度的老童生。這是教育資源和人才資源的極大浪費。另外，如今大學對教師的聘任考核制度既繁瑣又死板，大家對無窮無盡的考核和表格早已怨聲載道。這種狀況的形成固然與管理上的教條主義和文牘主義有關，但也隱含著對教師的不尊重和不信任。面對這種情況，陳丹青不能忍受，說這是一格一格降人才，可謂一語中的。

在求賢若渴方面，竺可楨值得稱道。他擔任校長後，聽說馬一浮和邵裴之的學問很大，被「杭州視為瑰寶」，便多次登門拜訪，請他們前來任教。誰知馬一浮堅持學生必須登門請業，不能上門送教，才只好作罷。抗日戰爭開始後，馬一浮帶著許多書逃難，竺可楨幫助他渡過難關，他才答應到浙大授課。

除了求賢若渴、禮賢下士之外，堅持教授治校的辦學理念更是尊重人才的具體表現。竺可楨上任前，發現工學院院長朱一成不僅反對教授治校，而且還只拿著薪水不到學校，便覺得此人不堪重

用。因為教授治校是竺可楨的一貫主張，他認為要想把大學辦好，要「首先覓得一群志同道合之教授也。」（《竺可楨日記》第 1 冊，第 26 頁，人民出版社 1984 年版）可見對人才的尊重，不僅是指物質上的滿足、交往中的禮貌，還包括人格上的信任、工作上的支持、管理上的合作。

蔡元培也是教授治校的倡導者。當初他擔任北大校長後，發現一切校務由校長和學監主任、庶務主任商量決定，連學長（相當於學院院長）也不參與。他認為這種辦法不妥，便組織評議會、教授會和各種委員會，分別管理行政、教務等事宜。這樣一來，既體現了對人才的尊重，也為北大奠定了民主管理的制度基礎，蔡元培說，有了這種制度，「就是一年換幾個校長，對於諸君研究學問的目的，是決無妨礙的。」（《蔡元培全集》第 3 卷，第 342 頁）

在這方面，梅貽琦則是另外一番氣象。他的最大特點是不愛說話，因此被人稱為「寡言君子」。按照清華大學的規定，凡是學校規章制度、年度預算、新增專案、建築設計……，都要由教授會和評議會討論決定，而教授會、評議會都要由校長主持。許多人在回憶中談到，每逢開會梅貽琦很少說話，而是仔細聽取別人意見。作為一校之長，他為什麼會如此呢？這是因為他對自己扮演的角色非常清楚。他說他在學校就像京劇中的「王帽」一樣，看似重要，卻不大開口，主戲要讓別人來唱。正因為這樣，他在處理校務時總是非常尊重大家的意見，有一種「吾從眾」的大氣。當年數學教授熊慶來要破格錄取華羅庚，他完全支持。朱自清在一篇文章中說：「清華的民主制度，……究竟還是很脆弱的，若是

沒有一位同情的校長支持」就不可能確立，而梅貽琦「便是難得
的這樣一位同情的校長」（《梅貽琦先生紀念集》第 22 頁，吉林文
史出版社 1995 年第 2 版）曾經擔任過清華中學校長的傅任敢在梅
貽琦誕辰六十周年時撰文說：「一個大學僅僅有錢有設備是辦不好
的，它得有好的風氣，好的教授。風氣如何才能好，好教授如何
才肯來呢？這是由於清華的校務真正公開，校長絕不獨斷獨行。
因為一切集思廣益，進步自然愈來愈大；因為分工負責，人人均
覺清華自己也有一份，所以大家工作都有興致……，出色的教授
才肯前去。在這方面，以身作則的就是梅校長。」（同上，第 59
頁）所有這些都說明梅貽琦是一個博採眾長、無為而治的典型，
這充分體現了他對人才的尊重。

　　說到無為而治，胡適是最有力的倡導者。1928 年胡適擔任自
己母校中國公學的校長後，發現學校連一本正式校規都沒有，便首
先召開校務會議，通過了「校務會議組織大綱」、「教務會議組織大
綱」和「學校章程起草委員會」等議案。有了規章制度以後，胡適
便採取無為而治的態度，對學校事務不大過問。副校長楊亮功說：
「胡先生對於學校行政常以『無為而治』自嘲，實際上他是以無為
而為，與自然主義教育家盧梭以不教而教同是一樣的態度。胡先生
只注意於學校的重要問題，付與各主管以事權，並為之排除困難，
因此養成各人自動自發的工作精神。」（《追憶胡適》第 250 頁，社
會科學文獻出版社 2000 年版）與楊先生的評價相比，一位名叫陳
咸森的學生講得更透徹。他說：胡先生一貫主張無為而治，「這在
當年我們做學生時還不大瞭解，直到三十年後在臺灣看到胡先生的
一篇『無為而治』的文章，那篇文內說到艾森豪做哥倫比亞大學校

長和做總統時兩件故事，方才明瞭胡先生的『無為而治』的深厚道
理。」（同上，第 255 頁）

　　為了弄清楚這個「深厚道理」，我們先看看兩個故事講了些什
麼。第一個故事說的是艾森豪擔任哥倫比亞大學校長時，各部門領
導都要前來拜訪，談談各自的工作。於是他每天要接見兩、三位院
長或部門負責人。幾天以後，他問副校長，像這樣的人一共有多少，
對方說共有六十三位。艾森豪兩手舉過頭頂高聲喊道：「天呵！太
多了！太多了！我當盟軍統帥的時候，只接見三位將領。我完全相
信這三個人。他們手下的將領，我從來不用過問。想不到我當一個
大學校長，竟要接見六十三位負責人，他們談的我不大懂，又說不
到點子上，這對學校實在沒有好處。」

　　另一個故事是說艾森豪當總統時愛打高爾夫球，有一天白宮送
來一份急件，助手替他準備了兩份批示，一份「表示同意」，一份
「表示不同意」。沒想到他居然在兩份文件上都簽了字，並交代說，
請副總統尼克森替我挑一個吧。

　　在許多人眼裏，這兩個故事是嘲笑艾森豪的，但是胡適卻從中
看出民主的真諦。當時他講這兩個故事，是為蔣介石祝壽的。他的
意思是要蔣介石學一學人家的風度，做一個「無智、無能、無為」
的人，只有這樣，才能乘眾勢，御眾智。（《胡適之先生年譜長編初
稿》第 2551-2553 頁，臺灣聯經出版事業公司 1984 年版）

　　胡適的這個觀點對於我們來說是非常陌生的，許多人一旦大權
在握或負點責任，就想要搞出些名堂來。他們不懂得一個人智力和
認識是有限的，因此「不輕易做一件好事，正如不輕易做一件壞事」
一樣，應該成為每個人、特別是各級領導遵守的一條戒律。這也是

胡適在 1932 年初次與蔣介石見面，就把自己寫的、闡述這個道理的《淮南王書》送給對方的原因。可見奉行無為而治的原則，才是對人才的真正尊重。

（四）「沒私心、有魄力」的種種表現

除了懂教育、負責任、重人才之外，沒私心、有魄力也是老校長們的共同品質。

胡適當中國公學校長時，因為沒有安排宿舍，不能天天到校辦公，便主動不拿工資，每月只領一百元車馬費。學校董事會董事朱經農過意不去，曾在信中說：「兄近日個人經濟問題如何解決？聞兄在中國公學依然每月只領夫馬費一百元，似不夠用。上學期所定夫馬費是一種過渡辦法，似不應永遠如此。今年你未在他校教書，僅此 百元安能度日？弟意兄可將家眷遷校內居住，從前的校長，本有這種權利的。薪水也應加高些。校中經費如不足，宜從他項節省，不應專請校長盡義務，下一次開校董會，等我來提議吧。此話你或不願聽，但我的感想如此，照實寫出，請你原諒吧。」（《胡適來往書信選》上冊，第 488 頁，中華書局香港分局 1883 年版）從這裏也可以看出胡適做人做事的風範。

寫到這裏，我想起原山西大學校長趙宗復。他的父親趙戴文是閻錫山的密友，曾擔任過國民政府內政部代部長、監察院院長和山西省政府主席等重要職務，但是他在燕京大學讀書時卻參加了共產黨，因此被稱為「紅色大少」。1949 年以後，他擔任山西大學校長，52 年院系調整時山西大學被一分為三，他改任太原工學院院長。

當時他要捐獻父親留下的全部房產，組織上給他留下一個院子，於是他堅決不要學校的宿舍。工學院在城外，離他家很遠，按級別他本來有專車接著，但要他卻每天騎自行車上班。趙宗復之所以如此，與其家庭出身、教育背景和政治信仰有很大關係。如今這種人早已成了稀有品種，至少是教育的失敗。

梅貽琦也是廉潔自律、克己奉公的典型。他擔任校長後，便主動放棄了前任校長享受的幾項「特權」，其中包括免交電話費、免費雇傭家庭幫工和免費拉兩噸煤等待遇。他說：「雖然款項有限，但這是個觀念和制度的問題。」直到晚年，他都要用自己的錢買辦公室需要的火柴、茶葉、肥皂等物品，絕不公款私用。傅任敢在上述文章中說：「在清華，一切沒有私，一切是公開。因此，學術的風氣才能增進。」

抗日戰爭中，中國知識份子的生活困難到極點，西南聯大規定，學校給教職工謀的福利，沒有領導的份。當時，梅夫人為了補貼家用，只好外出打工。1948 年 12 月北平被圍困的時候，梅貽琦是搭乘最後一班飛機離開的。他走的目的，是為了保護清華基金。梅貽琦去了美國後，生活非常艱難，年過花甲的梅夫人不得再次出去打工。後來，梅夫人在一次座談會上說，梅先生晚年病重的時候，胡適想勸他寫遺囑，好對公事私事有個交代。但是梅先生不愛聽，直到去世也沒有寫。不過在他的病床下有一個皮包，皮包裏放著什麼，連梅夫人也不知道。梅先生去世後，秘書先把這個皮包封存好，然後在一個公開場合打開。大家一看，裏面全是清華基金的帳目，一筆一筆，絲毫不差。（《梅貽琦先生紀念集》第318-319 頁）

對於這件事情，孫漢觀談得更透徹。孫先生說，當年他從美國回到臺灣，曾與擔任臺灣清華大學教務長（後任校長）的陳可忠閒談，陳盛讚梅先生的偉大。陳說這些年來，「清華龐大的美金收入，全由梅先生一人管理和支用，無人監督，而到今梅先生還是『兩袖清風』，真是了不起可欽可佩的廉潔！」許多人聽了這個故事後，認為梅先生確實偉大，但是剛從美國歸來的孫先生卻有另外一番感慨。他說他聽到這話後內心非常難過，因為公款公用是校長的本分，如果一位校長做到了，只能說明他奉公守法，不值得褒揚。如果有人公款私用，那與偷竊、搶劫有什麼兩樣？（同上，第 382-384 頁）我不知道現在的大學校長有沒有這種理念。

蔣夢麟在《西潮》中指出，「凡是親見清室覆亡的人都知道：清政府失敗的主要原因之一就是財政制度的腐敗。公務人員的薪水只是點綴品，實際上全靠陋規來維持。」他還說，當時官員們把賄賂需索視為當然，就連被譽為「中興名臣」的曾國藩也要為它辯護。這對社會危害極大，它不僅腐蝕了官員的公德心，毒化了社會風氣，也導致一個政權的滅亡。蔣夢麟認為，消除陋規需要以良好的制度，在這方面，除了外國人管理的銀行、郵政、海關、鹽務、鐵路等部門之外，由中國學者自己建立起來的現代大學制度，可以說是一種成功的典範。它「除了實事求是的學術立場之外，也是經費從無私弊的又一實例。」（《西潮·新潮》第 168 頁，岳麓書社 2000年版）

如何恢復老一代學者建立起來的現代大學制度，已經到了刻不容緩的時候。否則，我們這一代人將愧對前人，愧對子孫。

目　錄

蔣夢麟對北京大學的貢獻

在北京大學的歷任校長中，蔣夢麟是在職時間較長的一個。關於他的貢獻，傅斯年曾有這樣的評斷：蔣夢麟的人格魅力不如蔡元培，學問不如胡適，但辦事卻比他們高明。對於傅斯年的看法，蔣先生是認可的，但同時他又開玩笑地說：「所以他們兩位是北大的功臣，我們兩個人不過是北大的功狗。」（《現代世界中的中國》，第 192 頁，學林出版社 1997 年版）蔣夢麟為什麼會成為他所謂北大「功狗」、其實是北大功臣呢？這與他的早年經歷、教育思想和在北大的所作所為有關。

一、早年經歷

（一）興趣與理想

蔣夢麟字兆賢，號孟鄰，1886 年 1 月 20 日生於浙江餘姚蔣村。出生時他父親夢見一隻熊來到他家，便給他起名夢熊。後來他在浙江高等學堂鬧學潮，被列入黑名單，才改名夢麟。

　　蔣夢麟的祖父在上海開過錢莊，是個比較成功的商人。他的父親是當地紳士，喜歡發明創造，曾經仿照西洋模式蓋過一座洋樓，還造過一艘輪船。樓是蓋成了，但輪船卻因知識淺薄而失敗。因此，他「一心一意要讓他的兒子受現代教育，希望他們將來能有一天學會洋人製造神奇東西的『秘訣』。」（《西潮‧新潮》，第 40 頁，岳麓書社 2000 年版）

　　蔣夢麟五歲多就進了私塾，由於痛恨那種死板的讀書生活，曾經翹課回家，並發誓要殺了先生，燒毀私塾。對於小孩子的這種惡作劇，他的繼母和先生都沒有當真。這也可以看出當年的人們在教育孩子時，心態非常從容。

　　儘管沒有挨打，但蔣夢麟還是回到私塾，繼續那苦不堪言的讀書生活。他說：「在最初幾年，家塾生活對我而言簡直像監獄，唯一的區別是：真正監獄裏的犯人沒有希望，而家塾的學生們都有著前程無限的憧憬。所有的學者名流，達官貴人不是都經過寒窗苦讀的煎熬嗎？」正因為這樣，他才能忍受監獄似的煎熬。他還說，如果沒有「吃得苦中苦，方為人上人」，「萬般皆下品，唯有讀書高」等名言警句的激勵，他早就跑到上海經商去了。因此他認為：「理想、希望和意志可以說是決定一生榮枯的最重要因素。教育如果不能啟發一個人的理想、希望和意志，單單強調學生的興趣，那是捨本逐末的辦法。只有以啟發理想為主，培養興趣為輔時，興趣才能成為教育上的一個重要因素。」（同上，第 31 頁）

　　平心而論，蔣夢麟最初的理想還是屬於傳統社會的一種個人奮鬥，但是這種個人奮鬥是與國家社會聯繫在一起的。儒家所謂修身、齊家、治國、平天下，講的就是這個道理。我在〈任鴻雋

與四川大學〉一文中，曾經引述陳衡哲對女兒任以都說過的一段話，也談到這個問題。她說：「我們那一代人出去留學，都有一個理想，就是學成歸國，要為國家、人民盡點心力、做點事。你們這一代卻根本對公眾的事，沒有什麼理想，只願念個學位，找份好差事，這算什麼？」當年任以都因為思想激進，一再痛罵士大夫禍國殃民。但陳衡哲對她說：「妳知不知道士大夫階級為國家人民做過多少事？真正的士大夫，處處為國家、人民著想，從不考慮個人利害，這樣過一輩子才算是有意義的。」直到晚年，任以都對母親的這番話還記憶猶新。她說：「他們那一代，不但開闢了很多新路徑、新園地，為日後中國的發展打下良好的基礎，也滿懷崇高的理想與抱負，一心要為國家人民貢獻心力。」（《任以都先生訪問紀錄》第 120 頁，中央研究院近代史研究所，民國 82 年出版）蔣夢麟比任鴻雋夫婦略大幾歲，士大夫氣質在他身上也有明顯的表現。

（二）思考與研究

據蔣夢麟說，他的童年教育有三個來源：一是念古書，二是聽故事，三是觀察大自然。這些經歷養成了他的觀察力、好奇心和理解力，再加上他喜歡思考、討厭死記硬背，才有後來的成就。十二歲以後，蔣夢麟先後在紹興中西學堂、上海南洋公學和浙江高等學堂求學，並於十八歲考中秀才。在紹興中西學堂時，蔡元培正好是那裏的「監督」（相當於校長）。沒想到十幾年以後，他居然會協助蔡元培主持北大。

　　南洋公學對蔣夢麟的影響也很大。該校是交通大學的前身，開辦時採納了美國傳教士福開森的意見，一方面實行斯賓塞倡導的德、智、體全面發展的教育原則，一方面開設中學、西學課程。中學課程以四書和宋明理學為主，西學則包括西方的歷史文化和新興科學知識。蔣夢麟在這所學校不僅認識到研究學問必須有強健的體魄，還開始對中外道德進行比較研究。他說：「每當發現對某些問題的中西見解非常相似，甚至完全相同時，我總有難以形容的喜悅。如果中西賢哲都持同一見解，那末照著做自然就不會錯。當發現歧見時，就加以研究，設法找出其中的原因。這樣就不知不覺地做了一項東西道德行為標準的比較研究。這種研究工作最重要的結果是……對於如何立身處世開始有了比較肯定、比較確切、也比較自信的見解，因為道德觀念是指導行為的準繩。」他還說，通過比較研究，他開始學會思考，學會用自己的理智來判斷是非，這樣一來，傳統信仰就再也不能左右他的思想行為了。他說這是自己「思想上的一次大解放，像是脫下一身緊繃繃的衫褲那樣舒服而自由。」從此，蔣夢麟開始認識到要救國，必須先救自己。於是他「決心努力讀書，努力思考，努力鍛煉身體，努力敦品勵行。」（《西潮·新潮》，第 67 頁）他覺得這才是儒家所謂修身的正確途徑。

　　從蔣夢麟的經歷中，我們可以發現思考是研究的起點，研究是思考的繼續。好的教育就是要培養學生的思考和研究興趣，但應試教育卻要求學生死記硬背現成的知識，根本不需要他們懷疑、思考和研究。這其實是在扼殺學生的天賦與智慧。另外，許多人把研究看得過於神秘，以為那是學者專家的事，也是認識上

的一大誤區。記得蔡元培在就任北大校長時說:「大學者,研究高深學問者也。」(《蔡元培全集》第三卷第 5 頁,中華書局 1984 年版)如果說大學是研究高深學問的話,那麼中學和小學研究點低級粗淺的學問總可以吧。有了這種認識,才能改變死記硬背的應試教育模式。

(三)育物與育人

　　蔣夢麟二十二歲時曾經去日本參觀,深感日本教育的普及是躋身於世界強國的主要原因。第二年他赴美國留學,在「以農立國」思想的指導下選擇了農學。一位朋友對他說:農學固然重要,但還有別的學科對中國更重要。換言之,「除非我們能參酌西方國家的近代發展來解決政治問題和社會問題,否則農業問題也就無法解決。」這種見解對於解決現在的「三農」問題是個很好的參照。這位朋友還說:如果不改學社會科學,你的「眼光可能就局限於實用科學的小圈子,無法瞭解農業以外的重大問題。」(《西潮‧新潮》,第 77 頁)蔣夢麟從小生活在農村,對大自然有濃厚的興趣。但是聽了這些話以後,他開始動搖了。正在這時,他下鄉實習,看到一群活潑的孩子去上學。這情景也許觸動了他的童年記憶,讓他突然覺得與其研究如何培育植物,不如研究怎樣培養人才。於是他決定放棄農學,改學教育。這樣一來,他的興趣也更加廣泛,選讀的書籍擴大到歷史、哲學、文學、政治、經濟、軍事、外交等許多方面。這種因為理想、興趣而導致的專業改變,與魯迅、胡適的情況頗為相似。

在美國，他的興趣仍然集中在東西方文明的比較研究上。研究過程中，他喜歡用中國的尺度來衡量歐美的東西，這使他發現希臘文化及其自由教育在西方現代文明中具有非常重要的地位。他認為這種方法其實就是利用舊知識來獲得新知識的過程。為了說明這個問題，他舉例說：如果一個孩子從來沒有見過飛機，我們可以對他說飛機就像一隻鳥，或者像一隻長著翅膀的船。假如這個孩子連鳥和船也沒見過，要讓他瞭解飛機就困難了。同樣的道理，要想讓中國學生瞭解西方文明，最好的辦法就是用中國文化進行比較。因為「對中國文化的瞭解愈深，對西方文化的瞭解愈易。根據這種推理，我覺得自己在國內求學時，常常為讀經史子集而深夜不眠，這種苦功總算沒有白費，我現在之所以能夠吸收、消化西思想，完全是這些苦功的結果。」（同上，第 81 頁）這也提醒我們，改革開放以後大量出國的留學生，之所以對西方文化缺乏瞭解，也無法與二十世紀初的歐美留學生相比，主要是因為他們經歷了十年文革，對中國傳統文化缺乏應有的瞭解之故。

說到這裏，蔣夢麟想起小時候讀過的《幼學瓊林》。他說這是一本啟蒙讀物，它不僅押韻，內容也非常廣泛，從天文、地理、草木蟲魚，到商業、農業、科學發明，甚至政治哲學，幾乎無所不包。記得胡適在《四十自述》中也提到這本書，說這本書很有意思。最近我在舊書市上也看到這本書，版本很多，可見它是一百年前中國社會轉型時期影響很大的一本書。

二、教育思想

（一）體育與美育

　　蔣夢麟初到美國，就讀於卜技利（伯克利）的加利弗尼亞大學。該校環境非常幽美，課餘生活也很豐富。「離劇場不遠是運動場，校際比賽和田徑賽就在那裏舉行。青年運動員都竭其全力為他們母校爭取榮譽。……『健全的心寓於健全的身』——這就是古希臘格言的實現。」另外，校園的一個大門上有許多栩栩如生的男性裸體雕像，圖書館閱覽室裏也有希臘女神的裸體塑像。蔣夢麟初次看到這些雕塑，心裏非常疑惑，不知道「為什麼學校當局竟把這些『猥褻』的東西擺在智慧的源泉」。後來他聽到一位倫理學教授說，「讓女學生們多看一些男人的裸體像，可以糾正他們忸怩作態的習慣」，才明白「完美的思想寓於完美的身體」（同上，第 82 頁）。

　　在美國，他還逐漸認識到「美是希臘做人的中心點」，正因為這樣，才產生了美學和許多偉大的美術作品，從而使希臘文明成為西方近代文明的基礎。因此，把體育和美育結合起來，讓它們齊頭並進，使受教育者的身心得到全面發展，才是教育的真諦。從這個角度來看，把體育和美育當作一種「素質教育」，仍

然帶有功利主義的印記。這也是蔡元培主張用美育代替宗教的主要原因。

在加州大學畢業後，他進入哥倫比亞大學，師從實用主義哲學家杜威教授。關於實用主義，他記得老師最有名的一句話是：「一件事若過於注重實用，就反為不切實用」（同上，第92頁）了。哥倫比亞大學位於紐約市中心，因此他經常到鄉下度假。他發現在鄉下住久了，回到城市就有一種愉快；在城市住久後，到了鄉下也會感到清新可愛。這是因為環境改變會引起心理變化，用現在的話說，大概就是所謂「審美疲勞」吧。

1917年蔣夢麟學成回國後，在商務印書館擔任《教育雜誌》編輯和《新教育》雜誌主編。在此期間，他發表過大量文章，集中闡述了自己的教育思想。他在一篇文章中說：個人的價值在於他的天賦與秉性之中，教育的目的就是尊重這種價值，讓每個人的特性發展到極致。智育、體育和美育的作用，就是要使「我能思，則極我之能而發展我之思力至其極。我身體能發育，則極我之能而發展我之體力至其極。我能好美術，則極我之能而培養我之美感至其極。我能愛人，則極我之能而發展我之愛情至其極。」他還說，為了達到這個目的，人類社會才有自由、平等、民權、共和、選舉權、代議制和言論自由等制度設計。否則，統治者就會「視萬民若群羊，用牧民政策足矣。何所用其『言論自由』？何所用其『選舉權』乎？」（《蔣夢麟學術文化隨筆》，第6-7頁，中國青年出版社2001年版）

蔣夢麟認為，蔡元培之所以提出以美育代替宗教，是因為「蔡先生的思想中融合著中國學者對自然的傳統愛好和希臘人對美的敏感，結果產生對西洋雕塑和中國雕刻的愛好；他喜愛中國的山水

畫，也喜愛西洋油畫；對中西建築和中西音樂都一樣喜歡。他對宗教的看法基本上是中國人傳統見解；認為宗教不過是道德的一部分。他希望以愛美的習慣來提高青年的道德觀念。這也就是古語所謂『移風易俗莫大於樂』的傳統信念。高尚的道德基於七情調和，要做到七情調和則必須透過藝術和音樂或與音樂有密切關係的詩歌。」（《西潮‧新潮》第 119-120 頁）

（二）教育與和平

蔣夢麟留美期間，正值第一次世界大戰爆發，因此他對戰爭與和平有過深入的思考和體會。1919 年他學成回國後，曾撰寫〈和平與教育〉，其中涉及到教育的本質等問題，可以視為其教育思想的代表作。

文章開門見山說，所謂和平，是正義的同義詞。有正義就有和平，倘若正義掃地，雖然沒有戰爭，也不是和平，而是一種苟且偷安。從這個角度來看，統治者標榜的我國人民素以愛好和平著稱，其實是為「所謂牧民政治」開脫。因為在專制制度下，老百姓僅僅是一群羊：羊肥了，牧人就會殺而食之，於是就出現暴政；暴政日久，必然會導致羊瘦，於是牧人就繼續放牧，推行仁政。這就是中國歷史一治一亂的根本原因。

蔣夢麟認為，要改變這種「羊肥而食」、「羊瘠而牧」的循環，就必須推行民主政治。他指出，牧民政治的反面是平民主義政治或曰民權主義政治。這種政治的目的是要增進平民的能力和知識，使每一個人都養成健全的人格。只有這樣，社會才能不斷進步，和平

才有真正保障。從這個角度來看，日本在甲午戰爭和日俄戰爭中打敗了中國和俄國，是因為中俄兩國沒有平民主義的民主政治。德國向世界宣戰，最終歸於失敗，也是因為他們的政治制度沒有美國和其他協約國優越。因此他認為：「強國之道，不在強兵，而在強民。強民之道，惟在養成健全之個人，創造進化的社會。」所謂教育，就是為了「達此和平目的之方法也。」(《蔣夢麟學術文化隨筆》，第 9-10 頁)

緊接著他指出：中國的教育，是牧民政治的教育；要改為平民主義教育，必須從三個方面去努力：第一，要「養成獨立不移之精神」，改變過去那種萎靡不振、依賴成性的惡習。第二，要「養成健全之人格」，改變以往「好學者讀書，讀書愈多，而身體愈弱」的傳統。第三，要「養成精確明晰之思考力」，改變平時「凡遇一事，或出於武斷，或奴於成見，或出於感情」的毛病和喜歡用「差不多」來判斷事物的習慣。(同上，第 11-13 頁)

在這篇文章中，蔣夢麟還分析了中國社會進步應該採取的三項措施：一要改良起居，二要修築道路，振興實業，三要獎勵並推進學術。他認為前兩項屬於物質方面的改良，比如生活在臭水溝和豬圈的孩子，只能是「皮黃骨瘦，精神疲倦，作事萎靡」；後一項則屬於精神領域的進步。他說：「學術者，一國精神之所寄。學術衰，則精神怠；精神怠，則文明進步失主動力矣。故學術者，社會進化之基礎也。」(同上，第 15-16 頁)但是，由於我國在學術方面歷來有漫無系統、重視應用、專重古文等三大弊病，致使學術研究不是出於興趣，而是為了應用。這種主次顛倒、源流混淆的做法，遏制了學術的創新能力。

10

為了進一步說明如何才能推動學術進步，他還用經商和做人作比：「夫對於金錢不忠實，不可以為商。對於行為不忠實，不可以為人。對於知識不忠實，其可以言學術乎？」（同上，第 17 頁）因此，「欲求學術之發達，必先養成知識的忠實。」養成對知識的忠實，是做學問的最基本的要求。胡適所謂「有一分證據，說一分話」，也是這個意思。

在這篇文章的結尾，蔣夢麟總結道：「……以正義為先導，以養成健全之個人進化的社會為後盾，張旗鳴鼓動，勇猛前進，此即所謂為和平而戰也。戰而勝，則平民主義由是而生存，真正和平由是而永保。和平與教育之關係，如是如是。」（同上，第 17-18 頁）

（三）職業與文化

蔣夢麟留學歸來，遇到中華職業教育社成立。倡導職業教育是當時很有影響的社會時潮之一，面對這一思潮，蔣夢麟非常冷靜。他認為職業教育固然需要，但如果以為除了職業教育之外就沒有其他教育，或者說所謂教育就是職業教育，那就大錯特錯了。

為了糾正這種錯誤認識，他寫了〈教育與職業〉、〈職業教育與自動主義〉等文章。他指出：教育是一種解決問題的方法，「國家有問題，故有國家教育。社會有問題，故有社會教育。個人有問題，故有個人教育。職業有問題，故有職業教育。」如果有關問題不能解決，那就是教育的失敗。從這個意義上說，所謂職業教育，不過是教人「操一技之長而藉以求適當之生活也」。但是，一個國家或一個社會在職業問題之外還有許多問題，它最終還需

要通過文化教育來解決，這就是普通學校應該承擔的功能。因此職業教育並不是教育的全部，而是其中　部分。所以他認為，「學校非專為職業而設，舉學校而盡講職業教育，則偏矣。」(同上，第22-23頁)

對於類似偏頗，蔡元培也多有提醒。比如1920年10月，蔡先生應《法政學報》的邀請，為該學報創刊一周年致詞說：「從前法政大學，大抵都是用一種官僚教育、職業教育。他們的旨趣，就是要學生不請假、把講義背得熟，分數考得好，畢業後可以謀生便罷了」。這種「職業學校，是專為畢業以後得飯碗的，確無研究學理之必要。」如今你們辦《法政學報》至少有三個好處：第一，可以提高學生研究學理的興趣；第二，可以引發學生求新的思想；第三，可以使學生養成「非自利的公德心」。所有這些，都有利於擺脫「職業教育的惡習」(《蔡元培全集》第3卷，第462-463頁)。隨後，他赴歐洲考察，途經新加坡參觀一所中學時，又做了題為〈普通教育和職業教育〉講演。他說，職業教育好比房屋，普通教育好比地基，倘若等到高屋建成，才發現地基不穩，就來不及了。他認為，普通教育的宗旨，並不僅僅是讓學生變得「有用」，而是要讓他們「(一)養成健全的人格，(二)發展共和的精神」(同上，第474頁)。由此可見，蔣夢麟和蔡元培對教育的理解是完全一致的。

另外，蔣夢麟還把職業界分為「自動的」和「機械的」兩種人才。前者具有遠大的目光，進取的精神和「事事圖改良，著著求進步」的作風；後者則是只「具一藝之長，精一部分之事。人先提倡，我能隨之」的人(《蔣夢麟學術文化隨筆》，第

25 頁）。他提出高等專門學校要培養自動人才，使之成為工業社會的領袖，中等職業學校則應該培養機械人才，為工業社會培養優秀工人。

（四）個人與社會

蔣夢麟認為：共和國的作用，就是尊重並保護個人價值；教育的目的，則是為了發展個性，培養特長，進一步增加個人價值。為此，就必須對教育學有所研究。他指出，作為一種實踐性很強的學科，教育學分為「個人」與「社會」兩大部分：就個人而言，為了滿足「發展個性」的需要，它要涉及生理學、遺傳學、衛生學、心理學、論理（邏輯）學、美學等諸多學科；從社會來看，為了滿足「發展人群」的需要，它又涉及人種學、歷史學、地理學、倫理學、政治學、群學等許多領域；此外，無論個人還是社會，都離不開自然界，因此教育學還涉及生物學、動物學、植物學和物理化學等其他科學。因此他說：「有真學術，而後始有真教育，有真學問家，而後始有真教育家。……無大教育家出，而欲解決中國教育之根本問題，是亦終不可能也。」這裏所謂大教育家，顯然是通曉各門學科的通博之士，「不通博乎此，則不可以研究教育。」（同上，第32 頁）。

蔣夢麟晚年在回憶北大的學術自由以及蔡元培、陳獨秀、胡適和魯迅兄弟時，曾謙虛地說：「有人說北京大學好比是梁山泊，我說那麼我就是一個無用的宋江，一無所長，不過什麼都知道一點。因為我知道一些近代文藝發展的歷史，稍有空閒時，也讀他

們的作品，同時常聽他們的談論。古語所謂『家近通衢，不問而多知。』我在大學多年，雖對各種學問都知道一些，但總是博而不專，就是這個道理。」(《西潮・新潮》，第 344 頁) 其實，像蔣夢麟這樣「一無所長」卻「什麼都知道一點」的人，才可能是真正的大教育家。相反，讓那些「學有所長」的專家當校長，恐怕未必合適。

蔣夢麟認為，教育的目的就是為了讓每一個人「享受人生所賜予之完滿幸福」，要享受這種幸福，還需要社會的開明和進步。因此他說：一方面個人生活的豐富程度與社會的開明進步成正比，「社會愈開明，則個人之生活愈豐富」；另一方面，健全的社會又需要健全的個人來組成。他主張社會進步需要具備三個條件：一是社會的文明能天天增加；二是社會的「肚量」能包容新學說新思想；三是大多數人民，能具有享受文化的權利，而這種權利又來自教育的普及。與此同時，他認為社會的進步與每一個人密切相關。個人要推動社會進步，首先要有負責任的能力，這種能力的基礎有二：「一曰能行，二曰能思。所謂能思者，養成清楚之頭腦，並有肝膽說出其思想。所謂能行者，做事擔得起責任，把肩膀直起來，萬斤肩（擔？）子我來當。夫如是，始能增加文化，生出新思想。致使大多數人民能享文化之權利」。(《蔣夢麟學術文化隨筆》，第 28 頁) 記得傅斯年在回憶蔡元培的時候，曾披露過一個細節。當年他曾寫過一份匿名揭貼（小字報）挖苦一位同學，蔡先生認為這是不負責任的表現。胡適一直主張用真名發表文章，也是為了表示對自己的言論負責。可見能不能負責任，是檢驗人的與社會進步的一個標誌。

三、主持北大

（一）學潮與學風

　　五四愛國運動爆發時，蔣夢麟還在上海，陪同他的老師杜威進行訪問。五四之後，蔡元培因發生如此人事，悄然離開北大，委託蔣夢麟主持北大校務。當時蔡先生對他說，大學生是有自治能力的，你可以代表我到學校執行校務。我把一切權力交給你，但是責任由我來負。蔡元培還囑咐說：「自今以後，須負極重大之責任，使大學為全國文化之中心，立千百年之大計。」（同上，第 145 頁）

　　與此同時，蔡元培對於學生在運動以後的狀態憂心忡忡。蔣夢麟在回憶當時的情況時寫道：「他說，他從來無意鼓勵學生鬧學潮，但是學生們示威遊行，反對接受凡爾賽和約中有關山東問題的條款，那是出乎愛國熱情，實在無可厚非。至於北京大學，他認為今後將不容易維持紀律，因為學生們很可能為勝利而陶醉。他們既然嘗到權力的滋味，以後他們的慾望恐怕難以滿足了。這就是他對學生運動的態度。」（《西潮・新潮》，第 125-126 頁）

　　蔣夢麟接受蔡元培委託後，北大學生會負責人段錫朋、張國燾等人曾拜訪過他。據張國燾回憶：「我到達上海後，……和段錫朋等到江蘇教育會去訪問住在那裏的蔣夢麟先生，向他表示我們代表北大同學歡迎他去北大代理校長的職務。於是蔣先生也即到達北

大，代理校長，肩負起這一艱巨的任務。」（《我的回憶》第一冊，第 65 頁，東方出版社 1980 年版）不久，蔣夢麟與張國燾等人一同乘火車到達北京。順便說一句，張國燾離開北大後所選擇的道路，也證明蔡元培的判斷無誤。

蔣夢麟抵京後，蔡元培在《北京大學日刊》發表〈蔣夢麟代辦北大校務啟事〉：「元培因各方面督促，不能不回校任事。惟胃病未瘳，一時不能到京。今請蔣夢麟教授代表，已以公事圖章交與蔣教授。嗣後一切公牘，均由蔣教授代為簽行。校中事務，請諸君均與蔣教授接洽辦理。」（《蔡元培全集》第 3 卷，第 311 頁）

初到北大時，蔣夢麟面對的首要問題就是如何評價這場舉世聞名、影響深遠的學生運動。

7 月 22 日，北大學生集會歡迎蔣夢麟。因為蔣夢麟深知蔡元培「『為學問而學問』的信仰，植根於對古希臘文化的透徹瞭解，這種信仰與中國『學以致用』的思想適成強烈的對照」（《西潮‧新潮》，第 119 頁），因此他在即席講中介紹了蔡元培的近況後又說：蔡先生的美德和他集中西文化於一身精神是「怎麼得來的呢？是從學問中得來的。故諸君當以學問為莫大的任務。」蔣夢麟還說，西方先進國家之所以有今天的成就，是多少年來文化積累的結果。「故救國之要道，在從事增進文化之基礎工作，而以自己的學問功夫為立腳點，此豈搖旗吶喊之運動所可幾？」講話結束時，他告誡大家：「如果是今天反對這個，明天反對那個，……終不是根本辦法。吾人若真要救國，先要謀文化之增進。」（《蔣夢麟文化學術隨筆》第 145-146 頁）

1920 年五四運動一周年之際，蔣夢麟與胡適共同發表〈我們對學生的希望〉。我注意到，胡適在美國留學時就對學生運動有看

法。在這篇由他起草的文章中，進一步表達了他們對學生運動的意見。

該文首先肯定了學生運動的貢獻有五個方面：一是「引起學生的自動精神」，二是「引起學生對於社會國家的興趣」，三是「引出學生的作文演說的能力、組織的能力、辦事的能力」，四是「使學生增加團體生活的經驗」，五是「引起許多學生求知識的慾望」。

緊接著，文章分析了學生運動的起源。作者認為，學生運動起源於變態社會，因為常態社會的政治比較清明，許多社會問題有成年人處理，學生可以安心求學，用不著在其他方面操心。但是在變態社會中，「許多事被一班成年人或老年的人弄壞了，別的階級又都不肯出來干涉糾正，於是這種干涉糾正的責任遂落在一般未成年的男女學生的肩膀上。……簡單一句話：在變態的社會國家裏面，政府太卑劣腐敗了，國民又沒有正式的糾正機關（如代表民意的國會之類）。那時候，干預政治的運動，一定是從青年的學生界發生的。漢末的太學生，宋代太學生，明末的結社，戊戌政變以前的公車上書，辛亥以前的留學生革命黨，俄國從前的革命黨，德國革命前的學生運動，印度和朝鮮現在的運動，中國去年的五四運動和六三運動，都是同一個道理」。所以他們認為：「荒唐的中老年人鬧下亂子，卻要未成年的學生拋棄學業，荒廢光陰，來干涉糾正，這是天下最不經濟的事」；至於動不動就使用罷課手段，則「是學生運動破產的表現！」（同上，第 166-168 頁）

為什麼這樣說呢？這不僅是因為「罷課與人無損，於自己卻有大損失」，還因為它容易讓學生養成依賴群眾的心理，同時養成翹課和盲目從眾等習慣。在這方面上，文章的論述非常精彩，不妨摘

錄其中一段:「現在的學生很像忘了個人自己有許多事情可做,他們很像以為只全體罷課便無事可做。個人自己不肯犧牲,不敢做事,卻要全體罷了課來吶喊助威,自己卻躲在大眾群裏跟著吶喊,這種依賴群眾的心理是懦夫的心理!」(同上,第168頁)時至今日,能夠對學生運動做這種分析者,並不多見。

在指出學生運動弊病的同時,蔣夢麟和胡適還向大家指出:今後要注重真正的學生活動,這種學生活動包括學問生活、團體生活和社會服務三個方面。在學問生活上,一要學好外文,二要注重觀察與調查,三要促進學校的改良,四要注重自修。在團體生活上,除了要開展學術活動、體育活動、遊藝活動、社交活動外,還要彌補各種組織活動中不完善的地方,其中包括開會的法定人數、提案手續、發言順序、表決方法、複決程序、討論時間等內容,以及容納反對黨的意見和人人要負責任的精神。在社會服務上,要注意普及科學常識和公民常識,開展破除迷信、移風易俗的活動。這一切,都是民主社會不可缺少的內容。

言者諄諄,聽者藐藐。儘管這篇文章說理透闢,但是在那變態社會向常態社會轉軌的時代,大大小小的學潮還是此起彼伏,一個接著一個。有一次,學校為要收講義費,學生馬上舉行集會表示反對。當時蔡元培已經回校,他趕到現場,氣憤地捲起袖子喊道:「你們這班懦夫!……有膽的就請站出來與我決鬥。如果你們哪一個敢碰一碰教員,我就揍他。」(《西潮・新潮》,第132頁)後來蔣夢麟也經歷了多次圍攻,甚至在辦公室裏被關了幾個小時。

為什麼「學生勢力這樣強大而且這樣囂張跋扈」呢?蔣夢麟認為這與他們的出身有關。他說:「這些學生多半是當時統治階級

的子女。學生的反抗運動，也可以說等於子女對父母的反抗。」另外，「學生運動在校內享有教師的同情，在校外又有國民黨員和共產黨員的支持，因此勢力更見強大。」（《西潮・新潮》，第 136 頁）蔣夢麟還說：許多事例「足以說明學生運動中包含各式各樣的分子。那些能對奮鬥的目標深信不疑，不論這些目標事實上是否正確，而且願意對他們的行為負責的人，結果總證明是好公民，而那些鬼頭鬼腦的傢伙，卻多半成了社會的不良分子。」（同上，第 133 頁）

儘管如此，蔣夢麟對於當時的學生愛國運動還是給予熱情支持。比如三一八慘案發生後，蔣夢麟多次出席「北京國立九校校務討論會」，處理善後問題，並嚴厲譴責政府屠殺學生的暴行。

（二）自治與「治自」

蔣夢麟的一生，始終把教育與改變人生態度、培養合格公民聯繫在一起。他雖然對學潮多有批評，但還是把五四運動比作中國的文藝復興，希望以此為起點，「把中國萎靡不振的社會，糊糊塗塗的思想，畏畏縮縮的感情，都一一掃除」，使每一個都成為一個活潑潑的公民（《蔣夢麟學術文化隨筆》，第 48-49 頁）。1919 年北大發生林德揚自殺事件，五四運動中的學生領袖羅家倫認為這是惡劣的社會造成的悲劇。蔣夢麟認為，除了社會之外，這也是中國人心氣薄弱的表現。為此他撰文說：「中國之社會，一罪過之社會也。中國之家庭，一罪過之家庭也。以罪過之社會，建神聖之國家，猶設天堂於地獄」，因此「泛言改革政治，其效必淺。泛言改革社會，

其禍必巨。欲圖積極之進行，必須有一入手之的實辦法。此法為何，曰建設新國家於學校之中。」（同上，第 112 頁）

蔣夢麟第一次代理北大校務只有兩個月左右。1919 年 9 月蔡元培返回北大，聘他為教育學教授兼總務長。他說：蔡先生回來後，「北大再度改組，基礎益臻健全。新設總務處，由總務長處理校中庶務。原有處室也有所調整，使成為一個系統化的有機體，教務長負責教務。校中最高立法機構是評議會，會員由教授互選；教務長、總務長，以及各院院長為當然會員。評議會有權制訂各項規程，授予學位，並維持學生風紀。各行政委員會則負責行政工作。北大於是走上教授治校的道路。學生自治會受到鼓勵，以實現民主精神。」（《西潮・新潮》，第 127 頁）可見要「建設新國家於學校之中」，除了教育獨立、學術自由、教授治校等要素之外，學生自治也是必不可少的內容。

關於學生自治，蔣夢麟的兩個演講談得非常透徹。第一次是 1919 年 10 月在北京高等師範學校的校慶紀念會上。五四運動以後，學生自治會即學生會紛紛成立，因此蔣夢麟首先指出：我們講學生自治，要研究三個要點。第一是學生自治的精神，第二是學生自治的責任，第三是學生自治帶來的問題。所謂精神，是一種公共意志。一個團體有了公共意志，大家就會不知不覺地受其感染，否則這個團體就無法存在。所以學生社團結合的要素，不是在章程，而是在養成一個公共的意志。換一句話說，就是養成一種精神。他還說，學生自治不是一種時髦，也不是要反對教師，而是一種移風易俗的愛國運動。因此大家應該有一顆移風易俗的愛國心，來培養這種自治精神。關於學生自治的責任，蔣夢麟認為應該表現在四個

方面：一要提高學校的學術水平，二要建立公共服務的觀點，三要生產更多的文化，四要為改良社會做出榜樣。至於學生自治可能帶來的問題，比如學生個人的行為該不該管，學生團體與教師以及教師團體產生矛盾怎麼辦，蔣夢麟也做了很好的解答。

第二次是 1920 年 9 月在北京大學的開學典禮上。如果說蔣夢麟在北高師的演講偏重於學理的話，那麼這次講話則比較側重於現實。他說：「我近來學生認識得不少，據各方面的聞見，覺得最可惜的就是學生會總沒有好好的組織；開會時秩序亦不甚整齊。我們時常說國會省會如何搗亂，其實像這樣子，叫學生去辦國會省會，又何嘗不會搗亂呢！所以開會時必須注重議會法才好。學生會章程，上半年已經訂好，採取委員制，現在已經付印。希望新舊同學平心靜氣地討論確定以後就大家遵守。本校的特色，即在人人都抱個性主義。我嘗說，東西文明的不同，即在個性主義。比如希臘的文化，即以個性為基礎，再加以社會的發達，方能造成今日的西方文明。」在演講結束時，蔣夢麟殷切地說：「北大這麼大的一個學校，研究學問，注重品行的件件都有，就是缺少團體的生活。所以我希望大家，一方各謀個人的發達，一方也須兼謀團體的發達。從前嚴厲辦學的時代，是『治而不自』，現在又成杜威先生所說的『自而不治』，這都不好。我們要『治』同『自』雙方並重才好。因為辦學校用法律，決計不行的，只可以用感情化導，使得大家互以良好的情感相聯絡。這就是我最後的希望。」（《蔣夢麟學術文化隨筆》第 148-149 頁）

讓學生自治而不是「治自」，學校要依靠感情化導而不是嚴格的法紀，這就是蔣夢麟的辦學理念。

（三）學術與政治

　　1920 年 10 月，蔡元培出國考察，蔣夢麟再次代理北大校務。1923 年，蔡元培因教育總長彭允彝干涉司法、蹂躪人權而羞與為伍、憤然辭職，蔣夢麟第三次擔任代理校長職務，直到 1926 年「三一八慘案」爆發後，蔣夢麟被北洋軍閥列入黑名單，他只好離開北大逃到東交民巷。當年秋天，他脫離魔掌抵達上海，結束了將近七年的北大生涯。

　　作為蔡元培的繼承人，蔣夢麟認為北大精神既是一種公共意志，又是一種學風。但是如何建立良好的學風，讓北大精神發揚光大，卻不是容易的事情。1922 年，他在〈學風與提高學術〉一文中表達了自己的苦悶。該文開門見山說：「我們辦教育的人，近來真覺得日暮途窮了。從前我們以為政治不良，要從教育上用功夫，養成人材，去改良政治。近年以來，政治愈趨紛亂，教育界經濟上和心理上，都因此受莫大打擊，不但經濟破產，精神上破產的徵象，也漸漸暴露了。於是數年前『只講教育，不談政治』的迷信，漸漸兒打破。」（《蔣夢麟學術文化隨筆》，第 77 頁）

　　他還說：由於政治腐敗，大家不能不談政治。但是要談政治，又會受到腐敗政治的仇視、摧殘或利用，無奈之下只好不談政治。但是面對一個缺乏公平和正義的社會，大家又到哪裡去討個公道呢？想來想去，他認為「現在我們所能勉強提出的一個辦法，就是『提高學術』。」但由於人才不足，經費不能保證，因此要通過「『提高學術』來喚起精神，養成一個學術化的學風，談何容易。」（同上，第 78 頁）

1924 年 11 月，蔣夢麟在《晨報》發表〈知識階級的責任問題〉，進一步討論了學術與政治的關係。文章首先指出：知識界是否能成為一個階級，必須具備兩個條件，一是在社會上要有相當勢力，二是本身要有一個團結的組織。然而現在的中國知識界，人數既少，組織也流於形式，根本無法形成一個階級。

蔣夢麟分析說，全社會對知識界的期望是解決目前的政治問題，以減少貪官污吏給他們造成的「切膚之痛」。但是知識界卻認為，要改良政治，就要先改良社會；要改良社會，就要先從學術、思想、文化上下功夫，否則就會陷入治標不治本的誤區。對於知識界的這種看法，蔣夢麟覺得就好比究竟是雞生蛋還是蛋生雞的問題一樣，不可能有一個正確答案。因此「我們只好說，雞是蛋所生的，蛋亦是雞所生的。有了好雞，自然能生好蛋；有了好蛋，自然能生好雞。」基於同一道理，他認為「社會能影響到政治，政治也能影響到社會；社會能影響到學術，學術也能影響到社會。無論哪一方面做起，都是有效的。」（同上，第 67-68 頁）

他還指出：現在的問題是「許多人看見實際問題解決的困難，知道唱幾句社會和學術的高調，最容易繳卷，就把學術和社會的研究，作為避世的桃源。或者鑽進學術和社會的研究裏面，忘了應世的目的。」結果，不是「養成萬惡的政治」，就是產生「一班不切世務的迂儒」（同上，第 69 頁）。這對學術和社會，都有害無益。

此外，蔣夢麟還提出知識界參與政治的界限和條件。所謂界限，主要是不可忘記的本職工作，否則就會失去自身的價值，也不可能改良政治。所謂條件，則是不參與維持現狀的政治，也不能因

為參與政治而妨害學術研究。蔣夢麟八十多年前發表的這些意見，至今仍然有非常重要的現實意義。

（四）孔子與「鬼子」

蔣夢麟在北大經歷了北洋政府、國民政府（初期）和抗日戰爭三個時期，每個時期又恰好七年左右。北洋政府拖欠教育經費是常有的事，但是蔣夢麟說，在第一個「七年中，雖然政治上狂風暴雨迭起，北大卻在有勇氣、有遠見的人士主持下，引滿帆篷，安穩前進。圖書館的藏書大量增加，實驗設備也大見改善。國際知名學者如杜威和羅素，相繼應邀擔任客座教授。」（《西潮‧新潮》，第 127 頁）可見他當時多不容易。

蔣夢麟離開後，北大進入一個相對黑暗的時期。南京國民政府成立後，蔣夢麟曾擔任浙江省教育廳長、第三中山大學校長和教育部長等職。1930 年底，國民政府為了振興北大，任命蔣夢麟為北京大學校長，但是他卻回了杭州。

這是為什麼呢？據胡適說：「他不肯回北大，是因為那個時候北平的高等教育已差不多到了山窮水盡的時候，他回去也無法整頓大學。北京大學本來在北伐剛完成的時期已被貶作為『北平大學』的一個部門，到最近才恢復獨立，校長是陳百年先生（大齊）。那時候，北京改成了北平，已不是向來人才集中的文化中心了，各方面的學人都紛紛南下了。一個大學教授的最高俸給還是每月三百元，還比不上政府各部的一個科長。北平的國立各校無法向外延攬人才，只好請那一班留在北平的教員儘量的兼課。幾位最好的教員

兼課也最多。例如溫源寧先生當時就『有身兼三主任，五教授』的流言。結果是這班教員到處兼課，往往有一個人每星期兼課到四十小時的！也有排定時間表，有計劃的在各校輪流輟課的！這班教員不但『生意興隆』，並且『飯碗穩固』。不但外面人才不肯來同他們搶飯碗，他們還立了種種法制，保障他們自己的飯碗。例如北京大學的評議會就曾通過一個議決案，規定『辭退教授須經評議會通過』。在這種情形之下，孟鄰遲疑不肯北來做北大校長，是我們一班朋友都能諒解的。」（《胡適全集》第 19 卷，第 500 頁）

在這裏，所謂教師兼課的問題需要澄清一下。記得潘光旦在〈教授待遇與今日流行之兼任講師制〉中說：為什麼大學需要專職教授呢？這是因為大學教授不僅要向學生傳授知識，還應該在日常接觸用自己的人格來影響學生。因此，過去的大學是不主張教授兼課的。如果你為了多掙錢非要兼課，那就只能擔任講師。我想當年的魯迅在教育部供職時，同時兼任大學課程，大概就是這樣。基於此，潘光旦認為大學教授一方面要享有較高的待遇，另一方面也必須擁有精神上的寧靜。精神不寧靜，其人格魅力就會大打折扣。

胡適還說：「那時有兩個朋友最熱心於北大的革新。一個是傅孟真，一個是美國人顧臨（Roger S. Greene）。顧臨是協和醫學院的院長，也是中華教育文化基金董事會的董事。他們找我商量，如何可以幫助孟鄰先生改革北大，如何可以從北大的改革影響到整個北平高等教育的革新。最主要的問題是：從哪兒捐一筆錢做改革北大的經費？」（同上）

由於中華教育文化基金董事會由蔡元培、蔣夢麟、胡適、任鴻雋、趙元任和顧臨、孟祿等人組成，因此胡適和傅斯年最後擬出一

個具體方案，提請中基會討論通過。該方案的主要內容是：「中基會與北大每年各提出二十萬元，以五年為期，雙方共提出二百萬元，作為合作特別款項，專作設立研究講座及專任教授及購置圖書儀器之用」。胡適解釋說：「這個合作辦法的一個主要項目是設立『研究教授』若干名，其人選『以對於所治學術有所貢獻，見於著述，為標準』，其年俸『自四千八百元至九千元不等，此外每一教授應有一千五百元以內之設備費』。研究教授每週至少授課六小時，並擔任學術研究及指導學生之研究工作。研究教授不得兼任校外教務或事務。」（同上，第 501 頁）

據胡適日記記載，經過半年左右的反覆商討，最後決定聘請十五人為研究教授。他們是：汪敬熙（心理學）、王守競（物理學）、曾昭掄（化學）、劉樹杞（化學）、馮祖荀（數學）、許驤（生物學）、丁文江（地質學）、李四光（地質學）、劉志揚（法學）、趙乃摶（經濟學）、周作人（文學）、劉復（文學）、陳受頤（史學）、徐志摩（文學）、湯用彤（哲學）。

1948 年北大五十周年校慶時，胡適對蔣夢麟有過這樣的評價：「話說民國二十年一月，蔣夢麟先生受了政府的新任命，回到北大來做校長。他有中興北大的決心，又得到了中華教育文化基金董事會的研究合作費國幣一百萬元的援助，所以他能放手做去。向全國去挑選教授與研究人才。他是一個理想的校長，有魄力、有擔當，他對我們三個院長說：辭退舊人，我去做；選聘新人，你們去做。」（《胡適全集》，第 20 卷，第 271 頁）

辭退舊人是得罪人的事情。蔣夢麟勇於承擔此事，除了職責之外，還與他的人格追求有關。蔣復璁說：蔣夢麟是「以儒立身，以

道處世，以墨治學，以西辦事。」（臺灣《傳記文學》，第 5 卷，第 2 期，第 46 頁）。專門收集學者趣聞軼事的《學林散葉》有類似記錄：「抗戰中蔣夢麟當北大校長，曾說自己平生做事全憑三子：『以孔子作人，以老子處世，以鬼子辦事』。所謂鬼子者，洋鬼子也。指以科學精神辦事。」（《學林散葉》第 364 頁，上海人民出版社 1997 年版）這裏除了「抗戰中」三字尚可存疑外，其他內容無大出入。另外陳雪屏也說，「他尊重個人自由：凡個人行為之不涉及公眾權益者，他絕不過問或批評；凡他的同事在分層負責的範圍內所決定的事項，他從不挑剔或干預。他信服老莊的道理，對於屑細的是非之爭與成虧之辨看得很淡。因此他能夠超脫於複雜的人事糾紛之上。」（臺灣《傳記文學》第五卷第一期第 11 頁）難怪胡適要說，蔣夢麟是一個「有魄力、有擔當」的理想的校長。

（五）大學與抗戰

不幸的是，就在蔣夢麟組建的「新北大」剛剛開學之際，就爆發了震驚世界的「九一八」事變。不久，日本侵略者又攻佔山海關和承德等地，平津一帶炮聲隆隆，戰雲密佈。為了救護受傷的抗日將士，北大師生成立了一所傷兵醫院，蔣夢麟夫人親自擔任院長，組織教職員夫人和女學生充當看護。通過搶救傷兵，蔣夢麟進一步看到中國軍隊雖然缺乏現代武器，卻勇於以自己的血肉之軀抵抗外來侵略。他認為：「國軍以血肉築成長城抗禦敵人的彈雨火海，主要的憑藉就是這種不屈不撓的精神。這種精神使中國在漫長痛苦的八年之中愈戰愈勇，雖然千千萬萬的人受傷死亡，中國卻能始終連

哼都不哼一聲。我們雖然節節失利，卻終於贏得戰爭。」（《西潮·新潮》第 201 頁）

除了愈戰愈勇的中國軍隊之外，中國的大學堪稱抗戰勝利的精神堡壘，大學校長則是大家的精神領袖。在這方面，蔣夢麟的表現可圈可點，令人欽佩。比如 1935 年 11 月，蔣夢麟與北平各大學校長教授聯名發表宣言，斥責冀東偽政府，反對華北「自治運動」。為此日本憲兵找上門來，「請」蔣夢麟去位於東交民巷的日本兵營進行解釋。蔣夢麟毫無畏懼地深入虎穴之後，一個日軍大佐居然想把他挾持到大連。面對這種危險局面，蔣夢麟冷靜地說：「如果你們要強迫我去，那就請便吧——我已經在你們掌握之中了。不過我勸你們不要強迫我。如果全世界人士，包括東京在內，知道日本軍隊綁架了北京大學的校長，那你們可就要成為笑柄了。」（同上，第 203 頁）

在這位大義凜然的北大校長面前，無計可施的敵人只好把他放了。事後，宋哲元將軍因無法保護他而勸他離開北平，蔣介石也派陳誠前來表示慰問，但他還是留了下來。他說：「從民國十九年到二十六年的七年內，我一直把握著北大之舵，竭智盡能，希望把這學問之舟平穩渡過中日衝突中的驚濤駭浪。在許多朋友協助之下，尤其是胡適之、丁在君（文江）、和傅孟真（斯年）、北大幸能平穩前進，僅僅偶爾調整帆篷而已。」他還說：在這種情況下，「科學教學和學術研究的水準提高了。對中國歷史和文學的研究也在認真進行。教授們有充裕的時間從事研究，同時誘導學生集中精力追求學問，一度曾是革命活動和學生運動漩渦的北大，已經逐漸變為學術中心了。」（同上，第 199-200 頁）

另外，曾經在北大法學院任教的陶希聖回憶說，當時北大「師生們的口號是『在北平一天，當作二十年來做』。」（臺灣《傳記文學》第 5 卷第 1 期第 10 頁）北平在上世紀三十年代的文化繁榮和社會進步，就是這樣換來的。

盧溝橋事變爆發後，北大、清華與南開組成長沙臨時大學，三校校長同時擔任常務委員，共同領導學校。為此，蔣夢麟一方面組織廣大師生南下，一方面囑託不便南下的周作人、孟森、馮祖荀、馬裕藻留下來照料北大，這四人被稱為「留平四教授」。諳熟中國歷史的周作人曾託人給蔣夢麟帶話：「請勿視留北諸人為李陵，卻當作蘇武看為宜。」（〈蔣夢麟年表〉，《蔣夢麟教育思想研究》，第 296 頁，遼寧教育出版社 1996 年版）抗戰勝利後，周作人因漢奸罪入獄，曾希望蔣夢麟出庭作證。蔣也有此打算，但是終因種種原因未能實現。

蔣夢麟的純正厚道是大家公認的。葉公超說：「我的朋友中，脾氣好的人也不少，但對於僕役等最客氣，而且從來不發脾氣的，我想只有夢鄰一個人。記得我們初到長沙去組織臨時大學的時候，我們合用一個寶慶的老兵，因為語言關係，往往詞不達意，我是一個性急的人，孟鄰先生看見那位寶慶的同胞做錯了事，或者是所做的剛好與我們的意願相反的時候，他的反應總是發笑，我卻在著急。純厚，同情，寬容是他的本性。」

不過，在大是大非上，蔣夢麟卻是另外一種模樣。葉公超還說，他們到長沙後，南開的張伯苓和清華的梅貽琦還沒有到。有人怕三所大學在一起會產生同床異夢的矛盾；有人甚至說：「假使張、梅兩位校長不來，我們就拆夥好了。」聽到這話，蔣夢麟聲色俱厲地

說：「你們這種主張要不得，政府決定要辦一個臨時大學，是要把平津幾個重要的學府在後方繼續下去。我們既然來了，不管有什麼困難，一定要辦起來，不能夠因為張伯苓先生不來，我們就不辦了。這樣一點決心沒有，還談什麼長期抗戰。」（臺灣《傳記文學》，第5卷第2期，第39頁）

不久，長沙臨時大學遷往雲南，改名為國立西南聯合大學。在抗日戰爭中，三所大學長期合作，為中華民族保存了文化學術的火種，譜寫了弦歌不絕的佳話。馮友蘭在《國立西南聯合大學紀念碑》有言：「文人相輕自古而然。昔人所言，今有同慨。三校有不同之歷史，各異之學風，八年之久，合作無間。同無妨異，異不害同，……以其相容並包之精神，轉移社會一時之風氣，內樹學術自由之規模，外來民主堡壘之稱號，違千夫之諾諾，作一士之諤諤……」（《國立西南聯合大學史料》總覽卷，第284頁，雲南教育出版社1998年版）這一切，如果沒有蔣夢麟的努力和堅持，是不可能的。這也正如葉公超所說：「整個抗戰期間，大後方的高等教育沒有間斷，而能繼續為政府培植人才，孟鄰先生個人的貢獻是不可磨滅的。」

值得一提的是，在抗日戰爭中，中國知識份子表現出來的不畏艱苦的精神令人感動。費正清在戰前就是與蔣廷黻和梁思成夫婦結下深厚的友誼，戰爭中他再度來華，發現中國知識份子的生存狀況極其惡劣，便想通過官方管道請求美國政府援助。於是，一個叫做「中國救濟聯合會」的組織於1943年秋開始實行一項計畫，其中包括以五百至一千美元的現款幫助一部分有前途和有聲望的學者去美國訪問。「然而蔣介石獲悉這一計畫後，大概是以中國學者不

應接受美國施捨為由，實際上予以否決了。」（《費正清看中國》，第87頁，1995年版）

費正清認為，這是「蔣介石開始喪失民心」的一個原因，也導致「許多知識份子感到心灰意懶，一部分人將會死去，其餘的人將會變成革命分子。」（《費正清對華回憶錄》第295頁，上海知識出版社1994年版）

對於這種狀況，蔣夢麟非常擔憂。費正清說，有一天「蔣夢麟於午飯前到我這兒來，我告訴他聯合援華會遭受慘敗之事。從外表看，他頗像梅貽琦──個子很高，身材消瘦，舉止優雅，不過，他是個理智勝過情感的人。他們作為昆明高校的兩位領袖，都是以其苦行僧形象著稱的，是給人以深刻印象的人物。蔣夢麟近來沒有為北大做什麼。他已困難到山窮水盡，唯靠典賣僅剩的衣物書籍而維持生活，他的夫人現在正在設法尋找工作，而他自己則回到昆明去擔任中國最高學府的校長。跟梅貽琦相比，蔣夢麟的經濟境況還稍勝一籌。梅夫人化名找到一個工作，結果被發覺，只得中輟。」

他還說：「當蔣夢麟博士向聯大教授們宣佈美國聯合援華會支援中國高校教授生活費用計畫不能實施時，遭到了聽眾們的強烈抗議。他們認為，鑒於『租借法案』和他們自己的極端貧困，接受美國援助根本不是什麼不光彩的事。他煞費苦心，竭盡全力阻止教授們發表抗議文字。蔣夢麟說，真正的核心問題是中國高等教育的骨幹力量究竟能不能為了將來而被保存下來，中國究竟會不會在戰爭時期失去培育英才的教師隊伍，從而陷於更大的混亂。他認為中國的高等教育所受到的損害已經極其嚴重了。」（同上，第271頁）

　　這些話既表現出蔣夢麟睿智，同時也透露了他的無奈。也許正因為這種無奈，他才不得不把部分精力放在學校之外。抗日戰爭勝利前夕，他出任行政院秘書長，從此離開了他服務多年的北大。

胡適怎樣當大學校長

　　胡適的一生，當過兩次校長。第一次在他的母校——上海中國公學，第二次在被他視為母校的北京大學。有意思的是，兩次當校長都為政治原因而離任，這與頗具中國特色的政局有關。從表面上看，他是失敗了；但是他所堅持的辦學模式、教育理念、思想原則、文化追求，卻是一筆豐富的遺產，值得仔細清理、認真研究、不斷學習、好好繼承。只可惜大家覺悟太晚，否則我們的大學不會辦成這般模樣。

上篇：在中國公學

一、擔任校長之前

　　胡適就任中國公學校長，是在 1928 年春天。這所學校成立於 1905 年，是由中國留日學生創辦的。當時日本文部省公佈了《取締清國留日學生規則》，引起中國留學生強烈抗議，陳天華憤而蹈海，大批留學生退回上海，自行籌辦了這所學校。1906 年至 1909

年，胡適曾在這裏讀書，從他的《四十自述》中可以看出，該校對他的成長起過至關重要的作用。

胡適離開中國公學後，以庚款留學生身份赴美國留學。學成回國後，一直在北京大學任教。1926 年 7 月，他借出席倫敦「中英庚款委員會議」之機，做環球旅行。沒想到 1927 年 4 月即將回國的時候，中國政局發生了翻天地覆的變化。

從許多朋友的來信中，可以看出這種變化對胡適非常不利。

張慰慈說：「現在北京一般人的口都已封閉，什麼話都不能說，每天的日報、晚報甚而至於週報，都是充滿了空白的地位，這期的《現代評論》也被刪去兩篇論文，這種怪現象是中國報紙的歷史上第一次看見。同時一切書信與電報都受到嚴格的檢查，聽說被截留的甚多。並且無故被捕的人也不少。上海的情形也與北京相同。」（《胡適來往書信選》上冊，第 423 頁，中華書局香港分局 1983 年版）

高夢旦也說：「時局混亂已極，國共與北方鼎足而三，兵禍黨獄，幾成恐怖世界，言論尤不能自由。吾兄性好發表意見，處此時勢，甚易招忌，如在日本有講授機會或可研究哲學史材料，少住數月，實為最好之事。」（同上，第 429 頁）

面對這種局面，胡適在日本稍事停留後還是回到上海。因無法返回北京大學，他只好就任光華大學教授並在東吳大學兼課。第二年春天，中國公學爆發學潮，學校董事會先後推舉于右任、蔡元培出任校長，都被學生拒絕，理由是「于、蔡二人道德學問雖好，可惜兼職太多，恐不能專心辦學。」（白吉庵《胡適傳》第 272 頁，人民出版社 1993 年版）無奈之下，關心公學命運的王雲五、朱經農等人找到胡適，請他出山，以解危難。

在朋友勸說下，他答應維持兩個月，到本學期結束後就辭職。即便如此，他也有點後悔，認為這是給自己「套上一件鐐銬」（《胡適日記全編·五》，第64頁，安徽教育出版社2001年版）。兩月後胡適提出辭職，校董會為了挽留他，特設副校長處理行政事務，讓他有更多的時間從事學術研究。

二、主張無為而治

胡適上任後，受到師生的熱烈歡迎。他發現學校連一本正式校規都沒有，便首先召開校務會議，通過「校務會議組織大綱」、「教務會議組織大綱」和「學校章程起草委員會」等議案。他說：「我想從組織與法律兩方入手，不知有效否？」（同上，第74頁）

有了規章制度以後，胡適對學校事務便採取無為而治的態度。副校長楊亮功說：「胡先生對於學校行政常以『無為而治』自嘲，實際上他是以無為而為，與自然主義教育家盧梭以不教而教同是一樣的態度。胡先生只注意於學校的重要問題，付與各主管以事權，並為之排除困難，因此養成各人自動自發的工作精神。」（《追憶胡適》第250頁，社會科學文獻出版社2000年版）與楊先生的評價相比，一位名叫陳咸森的學生講得更透徹。他說：胡先生一貫主張無為而治，「這在當年我們做學生時還不大瞭解，直到三十年後在臺灣看到胡先生的一篇『無為而治』的文章，那篇文內說到艾森豪做哥倫比亞大學校長和做總統時兩件故事，方才明瞭胡先生的『無為而治』的深厚道理。」（同上，第255頁）

為了弄清楚所謂「深厚道理」，我們先看看這兩個故事講了些什麼。第一個故事說的是艾森豪擔任哥倫比亞大學校長時，各部門領導都要前來拜訪，談談各自的工作。於是他每天要接見兩三位院長或部門負責人。幾天以後，他問副校長，像這樣的人一共有多少，對方說共有六十三位。艾森豪兩手舉過頭頂高聲喊道：「天呵！太多了！太多了！我當盟軍統帥的時候，只接見三位將領。我完全相信這三個人。他們手下的將領，我從來不用過問。想不到我當一個大學校長，竟要接見六十三位負責人，他們談的我不大懂，又說不到點子上，這對學校實在沒有好處。」

另一個故事是說艾森豪當總統時愛打高爾夫球，有一天白宮送來一份急件，助手替他準備了兩份批示，一份「表示同意」，一份「表示不同意」。沒想到他居然在兩份文件上都簽了字，並交代說，請副總統尼克森替我挑一個吧。

在許多人眼裏，這兩個故事是嘲笑艾森豪的，但是胡適卻從中看出民主的真諦。當時他講這兩個故事，是為蔣介石祝壽的。他的意思是要蔣介石學一學人家的風度，做一個「無智、無能、無為」的人，只有這樣，才能乘眾勢，御眾智。(《胡適之先生年譜長編初稿》第 2551-2553 頁，臺灣聯經出版事業公司 1984 年版)

胡適的這個觀點對於我們來說是非常陌生的，許多人一旦大權在握或負點責任，就想要搞出些名堂來。他們不懂得一個人智力和認識是有限的，因此「不輕易做一件好事，正如不輕易做一件壞事」一樣，應該成為每個人、特別是各級領導遵守的一條戒律。這也是胡適初次與蔣介石見面，就把自己寫的、闡述這個道理的《淮南王書》送給對方的原因。

　　因為不能天天在學校，胡適每月只領一百元車馬費。朱經農過意不去，曾在信中關切地詢問：「兄近日個人經濟問題如何解決？聞兄在中國公學依然每月只領夫馬費一百元，似不夠用。上學期所定夫馬費是一種過渡辦法，似不應永遠如此。今年你未在他校教書，僅此一百元安能度日？」（《胡適來往書信選》上冊第 488 頁，中華書局香港分局 1883 年版）從這裏也可以看出胡適做人做事的原則。

三、溝通文理學科

　　所謂「無為」，並不是什麼也不幹。胡適上任時，全校共有三百多學生，分散於四個學院十七個系，致使學校經費異常困難。為此，他大刀闊斧地裁掉工學院、法學院和經濟系，只設文理學院和社會科學院以及中文系、外語系、哲學系、數理系等七個系。為了溝通文理，他親自兼任文理學院院長，讓有志於數理的人學點文史知識，有志於文史的人學點自然科學。事實證明，胡適的這一做法效果很好，比如吳健雄當年是數理系的學生，卻肯在文科方面下很大功夫。有一次她還在胡適指導的作文課上獲得一百分，這件事不僅對吳健雄的影響很大，也成為胡適津津樂道的話題。

　　溝通文理不僅有利於提高學生的素質，而且還是涉及到教育的目的何在。簡單說，過早接受專才教育，不僅會因為知識面狹窄而難成大器，還容易成為會說話的工具，不會思考的奴隸。這一點，我在〈清華大學與通才教育〉等文章中已經屢有申述，在此恕不贅述。

為了提高教學質量，胡適請來一大批著名的學者前來任教，其中有人們熟悉的高一涵、張慰慈、楊亮功、羅隆基、梁實秋、鄭振鐸、陸侃如、馮沅君、全增嘏、葉公超、饒孟侃、黃白薇等。這裏特別要指出的胡適用人不僅看學歷，更注重學力。比如他當時延聘沈從文，人們就有非議，覺得沈僅僅是小學畢業，又沒有學術論文，怎能到大學上課？何況沈從文還不擅言詞，第一次登臺就因為膽怯，在講臺上站了十分鐘說不出一句話，搞得非常尷尬。但是胡適卻堅信自己的眼力，後來沈從文也的確是深受學生的歡迎。這在今天簡直是天方夜譚，是不可思議的事。

在胡適的努力下，中國公學很快改變了過去的形象。一年間，學生由三百多人猛增至一千三。後來，一位學生在寫給胡適的信中說：「中國公學我不敢說它好，但我可以說它奇特，為什麼呢？思想自由，教職員同心協力，有向上的精神，沒腐化的趨勢，就憑這點，在全中國可說是找不到的。」他還說，我的進步應該「感謝您和陸先生（侃如）、沈先生（從文）的思想言論」（白著《胡適傳》，第274頁）。

四、抵制「黨化教育」

這種局面的形成，首先與胡適對「黨化教育」的抵制有關。推行「黨化教育」是國民黨掌握政權後的基本國策。1929年4月頒佈的《中華民國教育宗旨及其實施方針》指出：「各級學校之三民主義教育，應與全體課程及課外作業相貫連，……以收篤信力行之效。」（《中華民國教育法規選編》，第45頁，江蘇教育出版社1990年版）隨後

公佈的《三民主義教育實施原則》規定，在大學設立黨義課程的目的是：「一、應以闡揚孫中山先生全部遺教及本黨政綱、政策及重要宣言為主要任務。二、應以理論事實，證明三民主義為完成國民革命，促進世界大同之唯一的革命原理。三、應依據三民主義，比較批判其他社會主義學說。」此外，大學生還要「一律參加孫總理紀念周及其他革命紀念日，以增進愛護黨國之精神。」（同上，第53-54頁）

把一個人或一種思想神聖化，是專制制度的主要特徵。它的目的，就是讓全體國民變成不會思考的馴服工具。面對這種局面，胡適採取了抵制的態度。羅爾綱回憶說，在中國公學讀書時，「進了學校，首先使我痛快的，是不掛國民黨旗，星期四上午不做國民黨紀念周。」（《師門五年記·胡適瑣記》第89頁，三聯書店1995年版）

胡適為什麼要這樣做呢？只要看看任鴻雋在《獨立評論》上發表的兩篇文章，就明白了。他說：「教育的目的，在一個全人的發展，黨的目的，則在信徒的造成。教育是以人為本位的，黨是以組織為本位的。」因此當人的利益與組織利益衝突的時候，自然要犧牲人的利益了（《獨立評論》第三號）。在這方面，胡適堪稱大學校長的楷模。

五、樹立良好學風

樹立良好學風，已經成為當今學界的一句口頭禪；但什麼是良好學風，卻似乎無人追究。胡適擔任校長後，同事們辦了個《吳淞月刊》，「目的在於鼓勵我們自己做點文字。」為此，他在發刊詞中立了「兩條戒約」：第一要小題大做，不要大題小做；第二「要注

重證據，跟著事實走，切忌一切不曾分析過的抽象名詞」。(《胡適全集》第 3 卷，第 707 頁，安徽教育出版社 2003 年版)

關於前者，既是老生常談，也是胡適的一貫主張；至於後者，卻需要多說兩句。

早在五四時期，胡適就寫過〈多研究些問題，少談些主義〉。這件事似乎早已成為定論，但是仔細讀一讀他的文章，就會有另外的感覺。事實上，當年胡適反對的正是「一切不曾分析過的抽象名詞」。他認為只知道高談主義卻不想研究問題的人，是「畏難求易」的懶漢；而「偏向紙上的主義，是很危險的」(同上，第 1 卷，第 324-328 頁)。

1928 年 7 月，胡適決定繼續擔任公學校長時，寫了一篇題為〈名教〉的文章。這篇文章是「問題與主義」思想的繼續。文章說，所謂名教，就是信仰「名」、認為「名」是萬能的一種宗教。什麼是「名」呢？胡適認為「名」就是字，或曰文字，而名教就是崇拜文字的宗教。他說，名教的具體表現不可勝數，從古人生辰八字、名號避諱，到如今的標語口號，都是名教的「正傳嫡派」。比如革命者貼一張「打倒帝國主義」，與豆腐店老闆貼一張「對我生財」完全一樣。他還說：「南京有一個大學，為了改校名，鬧了好幾次大風潮，有一次竟把校名牌子抬了送到大學院(按：當時的教育部)去。」(同上，第 3 卷，第 66 頁)可見直至今天，我們並沒有擺脫名教的束縛。多少年來，我們一直生活在名詞術語和標語口號中，而前幾年流行的大學改校名，也是一種名詞崇拜。遺憾的是，許多人並沒有認識到這個問題的嚴重性。

如何才能改變這種狀況呢？除了上述「兩條戒約」外，胡適還在 1928 年寫過一篇〈治學的方法和材料〉，其中談到治學既要有科

學的方法，又要有鮮活的材料。所謂科學的方法，就是「尊重事實，尊重證據」，即「大膽的假設，小心的求證」；所謂鮮活的材料，則是要擺脫紙上的學問，從故紙堆中走出來，到科學試驗室裏去尋找材料。只有這樣，才能擺脫名教的影響，建立良好的學風。後來，他在學校以「怎樣醫治浪漫病」為題舉辦講座，也談的是這個問題。他告誡學生：浪漫病就是懶病，懶人沒有做學問的興趣；只有打破浪漫病，才能研究學問（白著《胡適傳》，第 354 頁）。

六、重視同等學力

胡適重視同等學力，不僅表現在聘請教授方面，還表現在招收學生上。他雖然不管具體事務，卻對許多事情非常留心。比如每年招生結束以後，教務處總要發出大批公函，向考生所在學生查詢文憑真偽，如果發現假文憑，便照章開除。但這件事操作起來十分不便。有的學校根本不存在，發出的公函只能石沉大海；有的學校回信後，學生已經上了半個學期的課。他不忍心開除這些學生，便建議教務處看看他們開學後的成績，對學習好的從寬發落。然而教務處的人卻不願開此先例，「所以我們只好硬起心腸來幹那『揮淚斬馬謖』的苦戲。」（《胡適全集》第 20 卷，第 185 頁）後來，胡適還發現在學生遺棄多年的雜物中，有一個大學的公章和一枚校長的私章。這顯然是偽造證件的證據，然而作偽者早已畢業。

另外，他還聽說四川有位校長每次外出，都要帶些空白畢業證送人。起初他還不相信，1929 年他在北平，一位本家居然同他商

量，讓他的侄子去考清華。他聽了很吃驚，說自己的侄子初中剛畢業，怎麼可能去考清華？對方說，一位朋友是中學校長，他可以辦一張高中畢業證。胡適氣憤地說：「我們家的子弟怎麼好用假文憑！」氣憤歸氣憤，但面對這種情況，胡適知道這種文憑的確是「真」的，無論怎樣去查，也不能證明其假。

胡適認為，這種狀況從根子上說與教育部有關。當年教育部廢除具有同等學力者可以報考大學的規定，才使假文憑氾濫起來。如果不能容許具有同等力者報考大學，就等於「政府引誘青年犯罪」（同上，第 188 頁），就不會從根本上消滅假文憑現象。

重視同等學力，是胡適的一貫主張。1934 年，他在《大公報》發表〈誰教青年學生造假文憑的〉一文，把上述事實和想法寫了進去。1937 年 7 月，他在盧山談話會討論教育問題時，又提出承認同等學力是「救濟天才，以阻止作偽犯罪」（《胡適日記全編‧六》，第 694 頁）的好辦法。

只有唯學歷，才有偽學歷。看看胡適對同等學力的重視，對於如今治理辦假證現象，也應該有所啟發。

七、提倡體育精神

胡適在中國公學任職時間很短，滿打滿算才二十個月，但是他的所作所為卻可圈可點。別的不說，單說他對學校運動會的認識，就讓人振聾發聵。

我們從小受的教育是「發展體育運動，增強人民體質」。在國人心目中，體育的功能不外乎兩個：一是爭奪獎牌，為國（包括為集體）爭光，這是前半句話的所指；二是強身健體，延年益壽，這是後半句話的含義。基於前者，人們對中國健兒在奧運會等國際比賽上「奪金獲銀」歡呼雀躍，興奮不已；但是我總覺在「體育興」與「國運興」之間不能簡單地劃上等號。至於後者，許多人熱衷於保全個人生命，對身外的大是大非不聞不問，這又隱含著對整個社會的無奈。

看看胡適對體育的理解，也許可以糾正上述偏見。

胡適從小體弱多病，不大喜歡運動。到美國後第一次觀看橄欖球比賽，在隊員的廝殺和啦啦隊助威聲中，他很不習慣，心想：「這真是羅馬時代的角抵和鬥獸的遺風，很不人道的。」（《胡適全集》，第 20 卷，第 89 頁）隨著對西方文明的深入瞭解，他認識到體育不僅可以鍛煉身體，對人格的養成也具有非常重要的作用。

大約在 1930 年春季，中國公學要召開學校運動會，為了讓同學們踴躍參加，正確對待競賽中的勝敗，他親自撰寫運動會會歌。這首歌的歌詞如下：

> 健兒們大家向前，
> 只一人第一，
> 要個個爭先。
> 勝固然可喜，
> 敗亦欣然，
> 健兒們大家上前。

　　健兒們大家齊來。

　　全體的光榮，要我們擔戴。

　　要光榮的勝，

　　光榮的敗，

　　健兒們大家齊來。

　　在運動會開幕式上，他還致詞說：「運動會是一種教育，是一種訓練，不是一種遊戲。」他還說，大家都在跑，而得獎的只有一人。假如按照平時的成績，已經知道某人一定會奪得錦標，難道我們就不參加了嗎？不，大家還應該參加。有了我們的加入，他才會有第一；沒有我們的陪襯，他一個人算不得第一。正確的態度是：他得他的第一，我們搞我們的訓練；他的光榮，也是我們的光榮。這才是真正的體育精神。在開幕詞結束時，他還說：「祝諸君人人有光榮的勝，人人有光榮的敗！」（白著《胡適傳》，第279頁）

　　拿這個標準來衡量，可以看出體育比賽不僅僅是一種對抗，更是一種合作。所謂重在參與，就是體育精神的具體體現。如果以為在國際比賽中奪得錦標就是光榮，就意味如何如何，其實是一種偏私狹隘的見解。用這種態度來對待體育，永遠也無法擺脫輸不起的陰影。

　　胡適倡導的體育精神是人類文明的重要組成部分，它不僅適用於體育比賽，也適用於其他領域。1948 年初，胡適得知李宗仁準備參加副總統競選，認為這是實行憲政後的第一次大選，要多些人參加，才能充分表現民主精神。他給李宗仁寫了一封信，信中抄錄

《中國公學運動會歌》的第一段，並且說：「第一雖只有一個，還要大家加入賽跑，那個第一才是第一。」（《胡適之先生年譜長編初稿》，第 2013 頁）可見無論是體育還是政治，都要提倡「重在參與」，不應該唱獨角戲。

八、寄語畢業同學

1929 年 7 月，中國公學十八級學生畢業，胡適語重心長地對他們講了一番話——

> 諸位畢業同學：你們現在要離開母校了，我沒有什麼禮物送給你們，只好送你們一句話罷。
>
> 這一句話是：「不要拋棄學問。」以前的功課也許有一大部分是為了這張畢業文憑，不得已而做的，從今以後，你們可以依自己的心願去自由研究了。趁現在年富力強的時候，努力做一種專門學問。少年是一去不復返的，等到精力衰時，要做學問也來不及了。即為吃飯計，學問決不會辜負人的。吃飯而不求學問，三年五年之後，你們都要被後進少年淘汰掉的。到那時候再想做點學問來補救，恐怕已太晚了。

接下來，胡適針對一些人的想法，談到所謂沒有時間、不具備條件，都不是問題；真正的問題是你對自己負不負責任。在此基礎上他告誡自己的學生：「學問便是鑄器的工具，拋棄了學問便是毀了你們自己。」（《胡適全集》第 3 卷，第 825-826 頁）

這裏涉及到一個很重要的問題：上大學的目的究竟是什麼。是為了解決「飯碗」問題，還是為了讓生命更有意義？如果把大學文憑當作「搶飯碗」（蔡元培語）的敲門磚，一旦文憑到手，就意味著萬事大吉。許多人以為自己不在研究單位，就不需要做學問了。有些人即便在研究單位，也對學問沒有真正的興趣。這恐怕是多少年來我國「人才死亡率」高居不下的主要原因。

其實，即使是為了吃飯，學問也具有長久的競爭力，這是常態社會的通則；至於文革那樣的變態社會，則是另一回事。因此，在目前的社會機制不可能為年輕人提供足夠就業機會的情況下，不要拋棄學問，乃是每一個人的最好選擇。何況，人生的目的絕不僅僅是為了找到一碗飯吃。

胡適認為，生命的意義是每個人賦予它的。「人生固然如夢，但一生只有這一場做夢的機會」。因此，要想「努力做一個轟轟烈烈像個樣子的夢」，而不是「糊糊塗塗懵懵懂懂混過這幾十年」光陰（《胡適全集》第 3 卷，第 818 頁），唯一的選擇就是不要拋棄學問。

九、爭人權、爭自由

一位校長能夠辦好一所大學，這是他的本分，不值得誇耀；如果他在辦好大學的同時，還能時刻關注社會動向，履行文章報國的義務，才令人欽佩。也就是說，「風聲、雨聲、讀書聲，聲聲入耳」，不算什麼；「家事、國事、天下事，事事關心」，才是英雄。

　　我注意到，1929 年 3 月 10 日，在《新月》第二卷第一號〈編輯後言〉中，提到要辦一個思想性刊物。這是由於《新月》是「專載長篇創作和論著的」，因此「我們幾個朋友」決定在這個月刊以外再辦一個週刊或旬刊，取名《平論》，由「平論社」發行，無非是想說幾句平正的話，表示一個平正的觀點而已。

　　3 月 23 日，徐志摩、梁實秋、羅隆基等人造訪胡適，勸他擔任《平論》主編，胡推辭不掉，只好答應，並商定於 4 月 1 日出報。3 月 25 日，胡適為《平論》撰寫一千六七百字的發刊詞。這篇文章被收入最近出版的《胡適全集》第 21 卷中，題目是〈我們要我們的自由〉。

　　文章說：「近兩年來，國人都感覺輿論的不自由。在『訓政』的旗幟之下，在『維持共信』的口號之下，一切言論自由和出版自由都得受種種的箝制。異己便是反動，批評便是反革命。報紙的新聞和議論至今還受檢查。稍不如意，輕的便停止郵寄，重的便遭封閉。所以今日全國之大，無一家報紙雜誌敢於有翔實的記載或善意的批評。」

　　接下來，文章分析了沒有言論自由的嚴重後果，指出這是一個民族的最大恥辱。然後又明確表示：

　　　　我們是愛自由的人，我們要我們的思想自由，言論自由，出版自由。
　　　　我們不用說，這幾種自由是一國學術思想進步的必要條件，也是一國社會政治發送的必要條件。
　　　　我們現在要說，我們深深感覺國家前途的危險，所以不忍放

棄我們的思想言論自由。

我們的政府至今還在一班沒有現代學識沒有現代訓練的軍人政客的手裏。這是不可諱的事實。……

由於篇幅關係，我不可能把它全部抄錄下來，但是我希望每一個關心歷史、關心國家命運的人都讀一讀這篇文章，瞭解一下胡適的這個主張：「爭自由的方法在於負責任的人說負責任的話。」我以為，這是胡適比其他人的高尚之點，高明之處。

隨後，胡適還寫過一篇文章，題為〈我們對於政治的主張〉。文章說：

我們都沒有黨籍，也都沒有政治派別。我們的唯一目的是對國家盡一點忠心。所以我們的政治主張不用任何黨義作出發點。我們的出發點是中國的實在需要，我們的根據是中國的實在情況。

我們不想組織政黨，不想取什麼政黨而代之，故對現在已得中國政治權的國民黨，我們只有善意的期望與善意的批評。我們期望它努力做的好。因為我們期望它做的好，故願意時時批評它的主張，組織，和實際的行為。批評的目的是希望它自身改善。

在這篇文章中，胡適還談了以下幾個問題：第一，黨的地位應該同民治國家的議會相仿；第二，各級黨部的經費應該靠黨費支付，黨的機關應該大大裁減；第三，除了行政獨立外，立法、司法、考試、監察也必須獨立，不受黨和行政機關的牽制；第四，軍隊應

分期裁遣，不可借「國防」的名義保留軍隊；第五，國家應該靠聯邦制來實現統一。

1929 年 3 月 29 日，胡適與徐志摩等人為《平論》再次碰頭，因稿子的份量不夠，遂決定推遲到 4 月 10 日出刊，但不知什麼原因未能如期面世。到了 4 月 21 日，平社在胡適家第一次聚餐，參加者除梁實秋、徐志摩、羅隆基外，還有丁西林、葉公超、吳澤霖。隨後，平社每週聚餐一次，並增加潘光旦、張禹九、唐慶增、劉英士、任鴻雋等人。然而不知為什麼，這份刊物始終沒有問世。

我猜測，這可能與當時的「爭人權」有關，1929 年 4 月 20 日，正好是平社舉行第一次聚餐會的前一天，國民政府下達保障人權的命令。第二天，胡適從報上看到這個命令，當即表示懷疑。半個月以後，胡適卓成〈人權與約法〉一文，對這一命令提出嚴正質疑：

第一，命令認為人權由「身體、自由、財產」組成，卻對這三項沒有明確規定，這是很重要的缺點。

第二，命令只是禁止「個人或團體」侵犯人權，卻回避了政府和黨部對人權的侵犯。

第三，命令中所謂依法懲辦，不知道依的是什麼法。

文章說，事實上中國的人權從來就沒有法律保障，因此要保障人權，首先應該制定一部憲法或約法，否則，保障人權就是一句空話。

隨後，他又寫幾篇文章，掀起一場關於人權問題的大討論。在〈知難，行亦不易〉中，他公開批評孫中山的「行易知難」說；在〈我們什麼時候才可有憲法〉中，又對孫中山的〈建國大綱〉提出質疑；在〈新文化運動與國民黨〉中，更是直截了當指出：今日國民政府所代表的國民黨是反動的，所以他們天天摧殘思想自由，企圖以壓迫言論自由來達到思想的統一。

這些文章在《新月》和《吳淞月刊》發表後，立刻在社會上引起軒然大波。蔡元培稱「大著《人權與約法》，振聵發聾，不勝佩服」（《胡適來往書信選》上冊，第 517 頁）；張謇之子張孝若說：「先生在《新月》所發表的那篇文字，說的義正詞嚴，毫無假借，真佩服先生有識見有膽量！這種浩然之氣，替老百姓喊幾句，打一個抱不平，不問有效無效，國民人格上的安慰，關係也極大。試問現在國中，還有幾位人格資望夠得上說兩句教訓政府的話？」（同上，第 525 頁）他還寫了一首詩贈予胡適，表達了自己的感想與擔憂，並囑咐不要發表（同上，第 546 頁）。該詩可以在 1929 年 9 月 10 日的胡適日記中找到：

許久不相見，異常想念你。

我昨讀你文，浩然氣滿紙。

義正詞自嚴，鞭辟真入裏。

中山即再生，定說你有理。

他們那懂得？反放無的矢。

一黨說你非，萬人說你是。

忠言不入耳，勸你就此止。

　　這些文章能夠問世，表明當時社會還是有一定言論空間的；針對這些文章，有人提出不同觀點，也很正常。不正常的是，上海、北平、天津、江蘇、青島等地的國民黨黨部坐不住了。他們紛紛召開會議，認為「中國公學校長胡適，公然侮辱本黨總理，並詆毀本黨主義，背叛政府，煽惑民眾，應請中央轉令國府，嚴予懲辦」。(《胡適日記・五》，第 489 頁)。國民黨中央訓練部根據這些無理要求，也認為胡適文章「超出學術研究範圍，泛言空論，錯誤甚多」，有失大學校長尊嚴，並損害了黨政形象，要求教育部嚴加警告(同上，第 521 頁)。

　　9 月下旬，教育部根據上面指示，向中國公學發出訓令，要求對胡適提出警告。對此，胡適在寫給老朋友、教育部長蔣夢麟的信中，義正詞嚴地說：「這件事完全是我胡適個人的事。我做了三篇文字，用的是我自己的姓名，與中國公學何干？你為什麼『令中國公學』？該令殊屬不合，故將原件退還。」(同上，第 538 頁) 不過，另一位老朋元濟卻勸他應置之不答，以保我尊嚴。張還說，如果在「前清康雍之朝，此事又不知鬧成何等矣。畢竟民國政府程度不同。」(同上，第 541 頁)

　　儘管張元濟的說法不無道理，但問題是國民黨地方組織為什麼會如此囂張？對此，一些外國媒體道出其中奧妙。《新時代》指出：由於中國國民黨和蘇聯共產黨一樣，「是至高無上的政治團體，不容忍敵對黨派」，再加上胡適的批評被認為是「公然侮辱本黨領袖孫中山先生」，而死去的孫中山已經被神化，因此他們要嚴懲胡適(同上，第 544-545 頁)。《紐約時報》也指出，胡適是「現代中國最英明的、最有建設性的領袖之一，……他正致力於中國思想和教

育的現代化過程。現在他受到譴責，並不是因為其個人的政治抱負，而是因為他的那種直言不諱的習慣使他敢於提意見：在國民黨人的統治下，一切並不像外界所相信的那麼美好。尤其，他對以已故孫中山博士的名義提出的一些經濟學說的正確性提出質疑。他的罪責不在於他不同意如此多的觀點，而在於他道明瞭幾分真理。」（同上，第553頁）

　　儘管《平論》未能問世，但是平社的活動一直在進行。1930年4月，胡適為他的那篇著名文章〈我們走那條路〉撰寫「緣起」時說：「我們幾個朋友在這一兩年中常常聚談中國的問題，各人隨他的專門研究，選定一個問題，提出論文，供大家的討論。去年我們討論的總題是『中國的現狀』，……今年我們討論的總題是『我們怎麼解決中國的問題？』這篇文章就是第二個問題的引論。在這篇文章中，胡適提出中國的真正問題是貧窮、疾病、愚昧、貪污、擾亂，解決這些問題不能靠製造專制的暴力革命，而應該採用科學的知識和方法，一步一步地進行改革（《胡適全集》，第4卷，第455-470頁）。

　　鑑於當局的壓力，特別是在立案問題上有意刁難，胡適終於辭去校長職務。1930年初，他正式提出辭呈，學校董事會幾經挽留，終於接受他的請求，並決定由公學的第一任總教習馬君武繼任。遺憾的是，胡適去職後，中國公學風潮又起，為此馬先生也被迫離去。在此期間，學校總務長丁某被指控有貪污行為，胡適還為丁辯誣，體現他「為人辯冤白謗，是第一天理」人格追求。

下篇：在北京大學

十、眾望所歸

胡適離開中國公學後，曾就任北京大學文學院院長，為振興北大立下汗馬功勞。抗日戰爭爆發後，他臨危受命，擔任中國駐美大使，為爭取美國援助、建立國際反法西斯聯盟做出重大貢獻。抗戰勝利後，蔣夢麟因為擔任行政院秘書長，按照《大學組織法》必須辭去北大校長職務。於是，遠在美國的胡適就成了北大校長的最佳人選。1945 年 9 月 3 日，教育部長朱家驊致電胡適，表示北大校長「非兄莫屬」，在他回來就任之前，由傅斯年暫時代理校務。

9 月 6 日，國民政府正式任命下達後，著名學者張其昀、丁聲樹、賀麟、羅常培、許寶騄等人都在信中表達了內心的喜悅。

張說：「三十年來北大是中國新思想的策源地，為中外所公認，今後在先生領導之下，確立學院自由的尊嚴，料想異卉爭妍，爛漫向榮，其盛況定屬空前。」（《胡適來往書信選》下冊，第38 頁）

丁說：「北大的使命在新中國的建設，將更重大而艱難，於此何幸得先生的偉大領導，教人如何能不感奮，能不高興！先生的學風，先生的襟度，其肫篤偉大只有蔡先生可以比擬」（同上，第39頁）。

賀說：「先生長北大之消息傳出後，眾望所歸，群情歡悅，不僅為北大之復興慶倖，且為整個中國教育學術之光明進步慶幸。」在這封信中，他還就國內政局談了自己的看法：「日本投降，中國已走上和平建國之途。政治民主化亦為必然之趨勢，但仍須教育、思想、言論各方面積極努力，基礎方鞏固。中央政府不患其不民主，而患其腐敗狹隘，不能集中人才，有害民生耳。三民主義中，國民黨貢獻最少者亦惟民生。共產黨人黨見甚深，信仰甚偏，恐反較乏民主精神也。」（同上，第40-41頁）

當時還在國外的羅常培也表示：「如果北大復員，特別是由先生主持，我義不容辭地應該早回國。」他還說：「先生去國後，北大事實上已失去學術重心，要想復興，須恢復民八至十三以前，或二十年至戰前的學術空氣。」（同上，第41-43頁）

由此可見，北大的復興、中國學術的進步，與胡適密切相關。

1946年6月初，胡適忙完國外事務後，由紐約啟程，經過大約一個月行程，才抵達上海。回國後，胡適受到各方面的熱烈歡迎，《大公報》在一篇通訊中特意附錄去年他給毛澤東發出的一份電報。這份電報希望中共領導人能「瞻望將來，痛下決心，放棄武力，準備為中國建立一個不靠武力的第二政黨。」胡適還說：「公等若能有此決心，則國內十八年之糾紛一朝解決，而公等二十餘年之努力皆可不致因內戰而完全消滅。」《大公報》的編者按說，他們發

表這份電報，是為了反映胡適「對國事之主張」。（《胡適日記全編‧七》，第 623 頁）

在此之前，傅斯年已經為他完全北大的復員任務，並處理了許多棘手的事情。吳相湘在一篇文章中說：當年「傅斯年在北平，為北京大學保持優良傳統，對排除偽北大教職員及整頓校風紀律，毫不瞻徇。同時更將北大原有文、理、法三院擴展為文理法農工醫六院。」他認為，沒有傅斯年的偉大魄力，這些事是辦不成的。（《傅斯年印象》，第 185 頁，學林出版社 1997 年版）傅斯年卸任時，胡適對他的貢獻給予高度評價。

胡適歸國之前，曾考慮過發展尖端科學的問題。為此，他與著名物理學家饒毓泰商量，準備聘請張文裕、彭恒武、馬仕駿、張宗燧、李四光、錢學森、汪敬熙、黃昆等學者來北大任教。饒還建議錢學森可以擔任工學院院長，後因故未能實現。1947 年他還在寫給白崇禧、陳誠的信中建議，北大應集中全國第一流物理學家，專門從事原子能研究。其中還提到錢三強、何澤慧大婦、袁家騮、吳健雄夫婦以及胡寧、吳大猷等人。

十一、在開學典禮上

1946 年 10 月 10 日，胡適出席上任的第一個開學典禮，併發表演說。我注意到，在最近出版的《胡適全集》第 20 卷中，收有這篇演說。據全集編者介紹，這篇演說原載於當年的《經世日報》，後來收入白吉庵等編的《胡適教育論著選》（人民教育出版社）。但

是細讀該文，其中有「最後胡適談到」和「胡氏講話，歷時七十分鐘」等語，好像是記者的通訊稿。《經世日報》不大好找，白吉庵在《胡適傳》中，結合《大公報》報導對演說內容有詳細介紹。從這些材料中，可以看出胡適的風采和當時他講了些什麼

　　據說開學典禮在位於城南國會街的北大第四院舉行。當時胡適穿著長袍馬褂，他首先把北大四十八年的歷史分為六個階段：1898年至 1916 年為「開辦時期」，北大被世人譏為「官僚養成所」；1916年至 1927 年為「革新時期」，在此期間，北大領導了中國的文學革命、思想革新和五四運動；1928 年至 1931 年為「過渡時期」，北大曾經遭受歧視，一度成為北平大學的一個學院；1931 年至 1937年「中興時期」，雖然困難很大，特別是「九一八」事變和日本的侵略，使學生不能安心讀書，但北大在蔣夢麟校長領導下，仍取得很大成就；1937 年「七七」事變至 1945 年抗戰勝利，是「流亡時期」，北大與清南開合組西南聯大，在最艱苦的環境中繼續從事學術教育工作；抗戰勝利後，北大進入新的歷史時期，為此他「希望教授、同學都能在學術思想、文化上盡最大的努力作最大的貢獻，把北大作成一個像樣的大學；更希望同學們都能『獨立研究』」，而不要以他人的思想為思想，他人的信仰為信仰。（《胡適全集》第20 卷，第 224 頁）

　　在演講的結束時，他特別強調做一個能獨立思考、獨立研究的人有多麼重要。他說：「你們大門上貼著歡迎我的標語，要求自由思想、自由研究，為什麼我要你們獨立，而不說自由呢？要知道自由是對外面的束縛而言，不受外面勢力的限制與壓迫，這一向正是北大的精神。而獨立是你們自己的事，不能獨立，仍然是作奴隸。」

他還說：「學校當然要給你們以自由，但是學校不能給你們獨立，這是你們自己的事。……我是一個沒有黨派的人，我希望學校裏沒有黨派，即使有，也如同有各種不同的宗教思想一樣。大家有信仰自由，但切不可毀了學校，不要毀了這個再過多少年不容易重建的學術機關。」最後他用南宋思想家呂祖謙的名言「善未易明、理未易察」告誡大家：「善」是不容易明白的，「真理」也是不容易弄清楚的（白著《胡適傳》，第 422 頁）。他的意思是說：人不是神，人的認識是有局限的，千萬不要把一種思想當作金科玉律去信仰，這樣很容易被人利用。

十二、爭取學術獨立

作為北京大學的校長，胡適在學術界負有重要的責任。他不僅關心學術的發展，更關心學術的獨立。學術獨立有兩層含義：一是學者要堅持獨立人格，二是學界要有獨立地位。

1946 年制憲國民大會結束以後，中國即將進入憲政時代。在這個過渡時期，蔣介石希望胡適能夠以社會賢達的身份擔任國民政府委員兼考試院長，他認為這是給他幫忙，給國家和政府「撐面子」。對此，胡適的看法是：「我因為很願意幫國家政府的忙，所以不願意加入政府。」他說，我們這些人在野，「是國家的，政府的一種力量，對外國，對國內，都可以幫政府的忙，支持他，替他說公平話，給他做面子。若做了國府委員，或做了一院院長，或做了一部部長，……結果是毀了我三十年養成的獨立地位，而完全不能有所

作為。結果是連我們說公平話的地位也取消了。──用一句通行的
話,『成了政府的尾巴』!」(《胡適來往書信選》下冊,第 175 頁)

　　後來,胡適在致蔣介石電稿中又重申:「北大此時尚在風雨飄
搖之中,決不許適離開,道義上適亦不願離開北大。萬一命下之日,
學校人心解體,不但北大蒙其害,亦甚非國家之福。故只有懇請我
公許適不參加國府委員會,許適以超然地位繼續為國家社會盡其棉
力。」(同上,第 194 頁)1948 年召開行憲國民大會,蔣介石又想
讓他競選總統,自己擔任行政院長。儘管胡適認為蔣是真誠的,但
他還是不願意放棄學術研究。後來,這件事因國民黨內部意見不一
致,遂不了了之。

　　除了保持學者個人的獨立地位外,就整個學界而言,也有
個能否獨立的問題。1947 年 9 月,胡適利用赴南京出席中央研究
院院士選舉籌委會之機,向蔣介石提出「十年教育計畫」,其主
要內容有兩點:第一,要選擇十所大學,他在十年內兩批給予充
足的經費,辦成國際上第一流大學;第二,反對花大宗外匯派人
出國留學。他說與其拿這些錢送學生出國留學,不如用來發展國
內大學。他認為,如果若干年以後,中國還「有成千成萬的學生
去日本留學,那是極可恥」的事(《胡適日記全編‧七》,第 667
頁)。胡適提出這個計畫,目的是為中國學術界的獨立打下一個
基礎。為此,他提議中央在教育文化方面的投資不得少於政府預
算的 15%,各省不得少於 25%,市縣不得少於 35%,私立學校
與國立學校應該有同等機會,大學教育應該朝著研究院的方向
發展……。

　　這個計畫在社會上引起很大反響，當年年底，胡適在中基會第二十次年會上，為北京大學、中山大學、浙江大學和武漢大學爭到一筆經費，他決定把這十萬美金用於物理系。儘管如此，這一計畫因為內戰的爆發而未能實現，以至於幾十年以後，又出現了被胡適視為「極可恥」的出國留學熱潮，而「爭創一流大學」的口號，也成了今人的一句口頭禪。至於胡適所謂學術獨立的追求，卻似乎被人們遺忘。

十三、遭遇學生運動

　　抗日戰爭勝利後，中國本來應該進入一個和平、民主、發展的新階段。這本來是國共兩黨的共同許諾，然而由於武裝奪權、暴力革命的趨勢已經不可扭轉，致使國家陷入混亂之中。這期間，以北平為主要策源地的學生運動，對這種局面的形成起了推波助瀾的作用。

　　對於這一狀況，《解放戰爭時期北平學生運動史》（北京出版社出版 1995 年版）在前言中寫道：在中共地下組織領導下，「廣大革命學生宣傳吶喊，喚醒民眾，揭露敵人，促進了全國人民愛國民主運動的新高漲，成為反動統治當局的心腹大患。風起雲湧、遍及全國的學生運動，有力地配合了中國人民解放軍的勝利進軍，加速了蔣家王朝在大陸的潰敗」，因此學生運動被毛澤東譽為人民解放戰爭的「第二條戰線」。

「第二條戰線」的第一個重大「戰役」，是以「沈崇事件」為導火線的反美運動。

沈崇是北大先修班的女學生，1946 年耶誕節前夕被酗酒後的美軍士兵皮爾遜強姦。事件發生後，「中共北平地下黨學委認為：這一事件不僅是對中國女大學生的污辱，而且是對中華民族的污辱」（《解放戰爭時期北平學生運動史》，第 50 頁）。與此同時，有人故意混淆敵友，把不久前還是朋友的駐華美軍與日本侵略軍相提並論。於是，一場以學生為主的反美運動爆發了。

耐人尋味的是，蘇聯紅軍在東北也有類似行為，卻沒有變成嚴重的政治事件。對於這件事，謝泳已有深入研究，有興趣可以看看他寫的〈重說沈崇案〉，在這裏我只談談胡適的態度。當時胡適正在南京參加制定憲法的國民大會，他聽到這個消息後當即表示憤慨，並說這純粹是一個法律問題，要依法處理，「不應與撤退美軍這一類政治問題發生聯繫」（同上，第 51 頁）。可惜直到現在，能夠理解他的人並不多見。

1947 年 5 月 4 日前後，北大舉行「五四」運動二十八周年紀念周活動。不僅有科學、文藝、歷史、經濟、戲劇等晚會以及各種體育比賽，圖書館還舉辦校史展覽，其中有李大釗事蹟、毛澤東故事和周恩來、鄧穎超的照片，這充分體現了北大自由與容忍的精神。當時，胡適在文章和講話中都反覆強調這種精神，並指出這也是負責任的精神。言外之意，是希望大家不要醉心於學生運動，以免耽誤學業。他還借用孫中山的話告誡學生：「欲收革命之成功，必有賴於思想之變化」（《胡適全集》第 22 卷，第 673 頁）。

　　在此期間，北大學生還是捲入了全國性「反饑餓、反內戰」運動。這次運動是中共地下組織為了「配合人民解放軍反攻」而發動的一次大規模行動，它涉及北平、南京、上海、天津、唐山等許多大中城市。5 月 16 日，北大成立「反饑餓反內戰行動委員會」，決定自 18 日起罷課 3 天，把 6 月 2 日定為「反內戰日」，並通電全國，號召各行各業起來響應。5 月 18 日和 5 月 20 日，北大學生參加了由「地下黨學委」領導的大規模遊行示威活動，並與軍警發生衝突，致使多名學生受傷（參見《解放戰爭時期北平學生運動史》第四章「反饑餓、反內戰運動」）。為此，當局公佈《維持社會秩序臨時辦法》，蔣介石也發表文告，宣稱近日學生所為，是「共產黨直接或間接之策動」。由此可見，白吉庵先生在《胡適傳》中認為「蔣的這個談話顯然是……嫁禍於中國共產黨」（《胡適傳》第 433 頁），顯然與事實不符。

　　面對如此複雜的局面，胡適始終站在學生一邊。他一方面指出：「沒有真正代表民意的機關替人民說話時，干預政治，提倡政治改革的責任，一定落在青年肩頭」；一方面又表示，只有潛心研究政治科學，才能解決問題，「罷課是最愚笨而最不易收效的武器」（《胡適日記全編・七》，第 655-656 頁）。

　　在學生運動風起雲湧的時代，學生與當局的衝突時有發生。作為校長，胡適在保護學生的同時，始終堅持依法辦事。1948 年，他因為學運而萌生退意，教育部長朱家驊聞訊後來電說：「北大不可無兄，北方尤賴兄坐鎮。……儻兄有言辭消息，則華北教育界必將動搖不可收拾。」（《胡適來往書信選》下冊，第 409 頁）從這裏也可以看出胡適在學生中的威信。

十四、好師長、好朋友

　　就在「反饑餓、反內戰」遊行進入高潮的時候，北大一年級學生鄧世華給胡適寫了一封信，向他訴說自己的苦悶。鄧說，按理說學生應該埋頭讀書，但現實卻讓他無法安心。面對物價的暴漲和殘酷的內戰，他甚至產生自殺念頭。為此，他向胡適提出「內戰會不會停止」、「國家是否還有救」等七個問題。胡適收到鄧世華的信以後，非常感動，馬上給他寫了回信。胡適首先指出：「今日的苦痛，都是我們大家努力不夠的結果。科學不如人，工業生產不如人，學問知識不如人，技術不如人，故經過八年的苦戰，大破壞之後，恢復不容易。」

　　接下來他針對所謂苦悶談了自己的看法。他說「青年人的苦悶，都是因為你們前幾年太樂觀了，夢想『天亮』之後就會『天朗氣清，惠風和暢』了！殊不知道戰爭是比較容易的事，和平善後是最困難的事。試看世界的二三強國，戰勝了，都還不能享受和平的清福，都還有饑餓的問題。」隨後他以自己在英國的所見所聞，說明英國人民能夠諒解國家的困難，知道在戰後必須「束緊褲帶，挺起脊樑，埋頭苦幹」，才有出路。可見悲觀不能救國，叫喊不能救國，不努力也不能救國。在這封信裏，胡適告訴自己的學生：「現在的強國，除了蘇俄之外，絕對沒有一個國家要侵略我們的。我們的將來全靠我們今後如何努力。」（《胡適來往書信選》下冊，第 201-205 頁）

　　這封信很重要。後來胡適把它改為〈青年人的苦悶〉公開發表，並把「除了蘇俄之外」改為「除了一個國家還不能使我們完全放心

之外」，使語氣趨於和緩。但是明眼人都看得出來他指的是誰。可惜沒過幾年，這個道理就被完全顛倒了。以至於直到今天，許多人還不能覺悟。

除此之外，胡適在天津的一次講演，也值得注意。這次講演的題目是「我們能做什麼」，主要內容談的是選舉，其中談到普通公民或民眾團體能夠做的三件事：第一，要用批評、討論的方式來影響政治；第二，要在掌握證據的基礎上，揭發、檢舉貪污腐敗分子，這就是所謂「扒糞精神」；第三，要做大量的調查和教育工作，推動公民參加選舉。在這裏，胡適已經改變他早年「二十年不談政治」的想法，並指出關心政治不能靠喊口號、鬧學潮來實現，那樣很容易被利用。

胡適對人循循善誘，在交往中從來不會擺譜。據說他的辦公室大門常開，隨時可以進去。因此「胡校長的辦公室」被譽為「世界最民主的俱樂部」。鄧嗣禹在〈胡適之先生何以能與青年人交朋友〉一文中說：他能禮賢下士，無學閥官僚架子；他愛護青年，想與他們交朋友；他很健談，能與人真誠相待（《追憶胡適》第 478-489 頁），可謂胡適的真實寫照。從這裏也可以看出，究竟是誰對青年真好，誰在利用學生。

十五、呼喚民主自由

二戰以後，世界的兩極分化日趨明顯，有人甚至鼓吹第三次世界大戰迫在眉睫。面對新的世界格局和專制主義的擴張，胡適

於 1947 年 5 月邀集北大、清華等學校的部分教授，組成「獨立時論社」，希望對國內外重大時事政治問題，發表獨立公正的評論。於是，他不僅寫了許多文章，還在許多場合發表演講，呼喚民主和自由。

5 月 18 日，他在〈眼前「兩個世界」的明朗化〉中明確指出，由於蘇俄與美國根據自己的切身利益，都不願破壞來之不易的世界和平，因此「至少在最近十年內，大概沒有第三次世界大戰的危險。」（《胡適全集》，第 22 卷，第 689-680 頁）

8 月 1 日，他在中央電臺以「眼前世界文化的趨向」為題發表演說，在介紹了文化自由選擇、自然交流之後，提出世界文化的理想目標：

第一，科學的成績解除人類的痛苦，增進人生的幸福。

第二，用社會化的經濟制度來提高人類的生活，提高人類生活的程度。

第三，用民主的政治制度來解放人類的思想，發展人類的才能，造成自由獨立的人格。

他指出：民主自由是人類社會三百年來的大潮流，大方向，而蘇俄用階級鬥爭創造的政治制度，則是人類「歷史上的一件大不幸的事。這種反自由、不民主的政治制度是不好的，所以必須依靠暴力強力來維持他，結果是三十年很殘忍的壓迫與消滅反對黨，終於從一黨的專制走上一個人的專制。」他的結論是：「所謂『兩個世界』的對壘，其實不過是那個反自由不容忍的專制集團，自己害怕自己氣餒的表現。這個集團至今不敢和世界上別的國家自由交通，

這就是害怕的鐵證！……要造成自由獨立的國民人格，只有民主的政治可以滿足」（同上，第 687-694 頁）。這篇演說還被《大公報》等多家報刊轉載，影響很大。

　　一年以後，正是內戰打得不可開交的時候，胡適發表〈自由主義是什麼？〉的文章，並在北平電臺發表「自由主義」廣播稿。從文本上看，二者大同小異。其中談到自由的本意是解除束縛，自由主義在政治上擁護民主，講求容忍，尊重少數人的基本權利。只有尊重自由，才可能進行和平的政治改革與社會改革。他還說，反對黨存在的理由有二：「第一是為政府樹立最嚴格的批評監督機關，第二是使人民可以有選擇的機會，使國家可以用法定和平方式來轉移政權。」（同上，第 727-728 頁）這才是和平改革的康莊大道。

　　胡適誠懇地告訴人們：徹底改革、絕對正確的思路必然導致暴力革命和專制主義。從世界近代史上看，「凡主張徹底改革的人，在政治上沒有一個不走上絕對的路，這是很自然的，只有絕對的專制政權可以剷除一切反對黨，消滅一切阻力，只有絕對的專制政治可以不擇手段，不惜代價，用最殘酷的方法做到他們認為根本改革的目的。他們不承認他們的見解會有錯誤，他們也不能承認反對的人會有值得考慮的理由，所以他們絕對不能容忍異己，也絕對不能容許自由的思想與言論。所以我很坦白地說，自由主義為了尊重自由與容忍，當然反對暴力革命，與暴力革命必然引起來的暴力專制政治。」（同上，第 739-740 頁）

　　後來，他還應周鯁生、竺可楨兩位校長之邀，分別去武漢大學、浙江大學講演。在武漢住了三天，他講演十次，嗓子都

啞了。當地報紙說：「他的講演和他的清暢的文體，都可以表現出他的超人智慧和樸實篤學來，在今天中國我們有一個胡適，這是值得驕傲的。」（《胡適日記全編‧七》，第718-719頁）在浙大，胡適的講演也是盛況空前。竺可楨在日記中說：「二點約適之在體育館演講，題為《自由主義》，聽者八九百人。聽者大部均駐足而立，但終一小時二十分，鮮有退者，亦可知適之演講之魔力也。」（《竺可楨日記》，第1183頁，人民出版社1984年版）

十六、不尋常的校慶

1948年12月17日，是北大五十周年校慶，也是胡適五十八歲生日。這本來是個大喜的日子，然而這時的北平，已經是兵臨城下，被圍得水洩不通，誰都知道政權易手是早晚的事了。

這時，蔣介石派人勸胡適早點離開北平，但是他一直猶豫。12月13日，胡適還惦記著北大校慶，他寫了〈北京大學五十周年〉一文，其中說：「在世界大學的發達史上，剛滿五十歲的北京大學真是一個小弟弟，……這個小弟弟年紀雖不大，著實有點志氣。」他指出，北大是「戊戌新政」的產兒，早年經歷義和團動亂和民國初年的變局，後來在蔡元培、蔣夢麟的主持下，經過三十年努力，才成為一個持續發展的學術中心。然而，三十年代初正值北大復興的時候，日軍在瀋陽發動「九一八」事變。當時，

由於大家「都打定主意，不顧一切，要努力把這個學校辦好，努力給北大打下一個堅實可靠的基礎，所以北大在那最初六年的國難之中，工作最勤，從來沒有間斷。」在文章最後，他心情十分複雜地說：「現在我們又在很危險、很艱苦的環境裏給北大做五十歲生日」，「我講這段故事，是要說明北大這個多災多難的孩子實在有點志氣，能夠在很危險、很艱苦的情形之下努力做工，努力奮鬥。」（《胡適全集》，第 20 卷，第 269-272 頁）這段話，就成了胡適與北大的臨別贈言。

第二天，南京方面打來電話、發來電報，說飛機即將到達，請他「即日登程」。他將校務託付給湯用彤、鄭天挺之後，才決定南下，然而飛機並沒有如期到達。直到 15 日下午，他才與妻子以及陳寅恪等人登上飛機直飛南京。12 月 17 日北大舉行五十周年校慶的時候，胡適已經不可能參加了。不過，這一天下午，胡適還是在中央研究院禮堂參加了北大同學會舉辦的校慶大會。會上，他稱自己是一名逃兵。並失聲痛哭地說：我不能與多災多難的學校同度艱危，實在沒有面子在這裏說話。這時，「會場淒然斷絕」。（《胡適年譜》，第 702 頁）

結束語

寫到這裏，再回過頭來比較一下胡適兩次當校長的遭遇，是很有意思的。二十年代末，胡適在中國公學當校長，正是國民黨剛剛奪得政權如日中天的時候，他卻因為批評國民黨而被迫離職；到了

四十年代末，國民黨兵敗如山倒眼看大勢已去的時候，他卻跟著國民黨走了。從表面上看，這似乎有點不可思議，但如果進一步瞭解他的思想見識，就可以看出他為什麼會這樣。

1947 年 3 月 18 日，胡適曾經拜訪過英國駐華大使史蒂文生。他對大使說：「這次國民黨結束訓政，是一件政治史上稀有的事。其歷史的意義是國民黨從蘇俄式的政黨回到英美西歐式的政黨。這是孫中山遺訓的復活。中山當日接受了共產黨的組織方法，但他終不認一黨專政為最後階段，只認為過渡到憲政的一個階段。國民黨執有政權二十年，今日宣告結束訓政，故是稀有的史實。」（《胡適日記全編·七》，第 649 頁）可見結束訓政，是胡適與國民黨關係的一個根本轉捩點。

那年夏天，胡適還寫過一篇文章，題為〈兩種根本不同的政黨〉。文章說，早年談政治的人只知道一種政黨，那就是英國、美國和西歐的政黨。但是在最近三十年中，又出現了另一種政治組織，雖然也用「政黨」的名稱，性質上卻與歐美政黨完全不同，這就是俄國的共產黨、義大利的法西斯黨和德國的納粹黨。

為方便起見，他把前者稱為甲種政黨，後者稱為乙種政黨。甲種政黨有以下特色：

第一，黨員沒有確定人數，沒有黨籍，來去自由；

第二，黨員沒有紀律約束，沒有人干涉其言論自由，投票採取秘密的無記名方式；

第三，黨派在競選中，能夠容忍並尊重其他黨派的權利，也不可能操持選舉；

　　第四，競選結束後，任何一方都有「勝固可喜，敗亦欣然」
　　　　的雅量，都不可能動用員警或軍隊來打擊對方，霸佔
　　　　政權。

　　相比之下，乙種政黨便完全不同了：它有嚴密的組織，確定的
人數，詳細的黨籍登記，嚴格的組織紀律；入黨必須經過審查，黨
員必須能服命令，而且沒有言論、思想和行動的自由。此外，乙種
政黨的目的是一黨專政，未取得政權時要不擇手段奪取政權，奪取
政權後要不惜一切代價保住政權，因此它絕對不容許反對黨的存在。

　　胡適認為，孫中山是個愛自由、講容忍的政治家。大革命時，
他需要一個有組織、有力量的革命黨，因此他將國民黨從甲式政黨
改組為乙種政黨。現在國民黨準備結束訓政，實行憲政，是從乙種
政黨變為甲式政黨了。這就是當年胡適離開北大的主要原因。

張伯苓：中國私立大學的拓荒者

　　現代大學在中國只有一百來年的歷史。當初的大學，主要有國立（包括省立）、教會、私立三種形式。辦大學需要大量資金，而學校又不能以贏利為目的，因此私立大學要比國立大學、教會大學難辦得多。在這方面，張伯苓創辦的私立南開大學是中國教育史上的一個奇蹟。對此，國內外有過許多評論。比如上世紀四十年代後期，美國友好人士為紀念張伯苓先生七十壽辰，出版過一本書，名叫《另一個中國》（應譯為《這裏是另一個中國》）。司徒雷登在該書〈導言〉中說：「做為燕京大學校長，在美國我有一批潛在的贊助者。美國人習慣於回應國內和國外在教育和宗教方面的呼籲。他們瞭解傳教士呼籲的目的。他們有相當的財富。張伯苓沒有這些優越條件。在中國，高等教育一向是由國家辦理的。大學的經費是由中央政府或省政府提供的。辦私立大學，張伯苓是一個拓荒者。」（《張伯苓與南開大學》，第 270-271 頁，山西教育出版社 1995 年版）司徒雷登畢竟是中國通。他的比較非常準確，評價也恰如其分。

一、「棄武從教」的原因

張伯苓祖籍山東，1876 年清明節出生於天津。據說他的祖輩曾在大運河上販運糧油雜貨，稍有積蓄後在天津開了一個店鋪。因生意興旺，其祖父和父親都選擇了棄商習儒的科舉之路。不幸的是，二人多次應考都屢試不中，張家也因此走向衰敗。儘管如此，張伯苓的父親張久庵卻酷愛音樂，因擅長琵琶，有「琵琶張」之譽。許多人談到這一點，都說「張家的家道，隨著張久庵的彈撥聲，逐漸破落下來。」（同上，第 11 頁）但是胡適不這樣看。他頗為同情地說：張的父親「是一位很有成就的彈琵琶名家，又是一位精騎術的射箭好手。把一份頗不小的家業消耗在生活享樂之後，張老先生迫不得已去教小學生維持生活。」（同上，第 94 頁）到張伯苓出生的時候，家裏已經窮到還需要母親幫人做針線活才能度日的地步。

張伯苓從小性情剛直，聰明過人，但因為交不起學費，只能報考免費的北洋水師學堂。學堂總教習是著名思想家嚴復，裏面樓臺掩映，花木參差，環境幽雅，是個讀書的好地方。在北洋水師學堂的幾年，是張伯苓無憂無慮、奮發學習的時候。他是學校的高材生，每次考試都名列前茅。在這所學堂，他學到許多科學文化知識，接受了西方思想的薰陶，受到嚴格的注重實用技術的訓練。可以說，這是他世界觀形成的重要階段。

按照水師學堂規定，學生修業期滿，要上船實習一年。然而當張伯苓將要實習的時候，突然爆發了中日甲午戰爭。在此期間，他

看到北洋艦隊的實力雖然比日本海軍還要強，卻被對方打得一敗塗地，就連實習的軍艦也沒有留下一艘。無奈之下，他只好在家等候。戰爭結束後，他以一名下級軍官的身份到通濟輪服務。通濟輪是戰後倖存的一艘練習船，經過甲午海戰，船上官兵士氣低落，官不管兵、兵不管艦的狀況非常嚴重。一些老兵給他講述黃海大戰的情景，再加上自己的所見所聞，使他對清朝海軍完全失望。

1898 年，英國藉日本從威海衛撤軍之機，與清政府簽訂《威海衛租借專條》，其中規定將威海衛一帶的陸地和海島租給英國使用。為此，張伯苓所在的通濟輪奉命去劉公島辦理接收、轉讓手續。劉公島是水師提督衙門所在地。在那裏，張伯苓親眼目睹了這一涉及國家主權的接收、轉讓全過程。所謂接收，就是從日本侵略軍手中收回劉公島等地，因而要降下日本國旗，升起清朝的龍旗；所謂轉讓，則是把劉公島一帶租借給英國，因而要降下清朝的龍旗，升起英國國旗。兩天之內在中國的土地上「三易國幟」，使他感受到極大的屈辱，並進一步看到清政府的腐敗。這使他對洋務派「求強求富」的所謂現代化道路產生懷疑，也使他原有的軍事救國思想被徹底粉碎。他開始思考中國落後的原因所在。後來他多次對人們說：「悲楚和憤怒使我深思，我得到一種堅強的信念：中國想在現代世界生存唯有賴一種能夠製造一代新國民的新教育，我決心把我的生命用在教育救國的事業上。」（同上，第 95 頁）

前幾年，著名經濟學家吳敬璉在〈懷念張伯苓校長〉一文中說：「這屈辱的一幕使他悲憤填膺，深感再不救亡圖存，行將亡國滅種。他從自己的親身經歷得出結論：救國之道，不在於買船造炮，重建海軍與列強周旋，而在於興辦新式學校，改造中國的國民性，

所以立志終身從事教育，造就新的人才。於是他棄武從教，先在嚴範孫先生的家館裏教授西學，然後 1904 年與嚴範孫先生在天津南開創辦新式學校，取名『南開學校』。」(《吳敬璉自選集》，第 615-616 頁，山西經濟出版社 2003 年版)。吳敬璉是張伯苓晚年的學生，他聽到老校長講述這段經歷，仍然感到非常震撼，可見受其影響者不在少數。

二、從「嚴氏家館」到南開大學

　　張伯苓離開北洋水師以後，遇到一位重要的人物，這就是吳敬璉所說的嚴範孫先生。嚴範孫名修，曾經擔任過貴州學政，是著名的維新派人士，因提出廢科舉、開設經濟特科等主張而享譽士林。戊戌變法失敗後，他辭職還鄉，潛心介紹新學，倡導教育事業。

　　為了教育自己的後代，嚴修在家中辦了個教館，即嚴氏家館，請張伯苓前來任教。張應聘後，不是灌輸四書五經，而是講授英文、數學和自然科學課程，並開展體育活動。最早在嚴氏家館讀書的只有五個人，其中就有五四時期北大的著名教授、中國社會學的奠基人陶孟和先生。1901 年，應天津紳士王奎章之聘，張伯苓同時在王氏家館兼課。1903 年，張伯苓赴日本參觀並購買教學儀器。第二年，他與嚴修去日本考察教育。回國後決定把嚴氏家館改為中學。

　　1904 年 10 月，擬議中的「私立中學堂」在嚴氏家館和王氏家館的基礎上成立，張伯苓擔任學堂監督（校長）。該學堂第一期招收七十多人，其中有梅貽琦、張彭春、喻傳鑒、金邦正等人。一開

始，學堂設在嚴家偏院，三個大房間當教室，一個小房間當辦公室，大廳供集會使用。學校經費由嚴、王兩家分擔，每月各出一百兩紋銀。年底，私立中學堂改名為敬業中學堂，取「肅敬受業」之意。後因當局要求校名必須表明經濟來源，遂改為「天津第一私立中學堂」。為解決師資問題，學堂附設高級師範班，陶孟和等成績優異者為師範班學生，同時在學校代課，實行半教半讀。

第二年，學生人數驟然增加，陳舊的院落不敷使用，當地紳士鄭菊如為學校捐出城南「南開窪」十畝土地。在張伯苓主持下，該校於 1907 年遷入新址，並改名「私立南開中學堂」。辛亥革命後，又將「學堂」改為「學校」，學生人數也增至五百多人。由於聲譽越來越高，影響越來越大，南開中學於 1915 年開設大專班，到 1917 年，學生已增至一千人左右。1918 年，張伯苓制訂創辦大學計畫。翌年 9 月，南開大學正式成立，成為中國第一所正規的私立大學。一開始，南開大學只是在中學旁邊蓋了一座樓房，後來張伯苓在距南開不遠的八里台購買土地七百餘畝，開始籌建大學校園。1923 年南開大學遷入八里台校園以後，開始步入正軌，進入新的發展階段。這一年，張伯苓還創辦了南開女子中學，1928 年又增設小學部，到 1932 年南開各學校學生總數達到三千人左右。這時的張伯苓，真可以說是現代的孔夫子了。

1957 年被打成大右派的羅隆基早年在一篇文章中說，他第一次聽說南開中學，是在他剛從鄉下來到北京，考入清華中等科的時候。他以為中國最好的學校是清華，但學校老師和同學們在談到南開時總是讚不絕口，便產生一個疑問：難道除了清華以外，在中國還有另外一個值得讚美的學校嗎？他還說，第一次聽到「張

伯苓」的名字，是出自一位外國女教師之口，因此他以為張伯苓是個外國人，後來才知道是個誤會。因此他想：「張伯苓先生這位中國人真特別。北平許多學校正在欠薪欠得一塌糊塗，政府的學校都快要關門了，這位張伯苓先生有什麼本事卻要在這時候來辦個私立大學。這不是自己對自己開玩笑嗎？」（《張伯苓與南開大學》，第 106-108 頁）

三、經費的來源與使用

羅隆基的擔心不是沒有根據。早在北洋時期，大學欠薪現象非常普遍，教師索薪風潮也時有發生。在這種情況下，身無分文的張伯苓怎麼敢辦一所私立大學呢？也就是說，他的辦學經費是從哪裡來的呢？這是一個必須回答的問題。

從現有資料看，張伯苓的辦學經費首先來自個人捐款，其次來自基金會贊助，最後才是政府補助。個人捐款是需要進行遊說的，弄得不好會讓人十分難堪。在這方面，張伯苓的經歷真是一言難盡。他曾經對學生說：「你們大家繳付的學費，和我在外邊捐來的款項，都不在少數，可是未有一文入了私囊。我雖然有時向人求見、捐款，被其擋駕，有辱於臉面，但我不是乞丐，乃為興學而作，並不覺難堪。」（同上，第 153-154 頁）

正是這種「不覺難堪」的理念，才使他四處奔走，籌款興學；才使不少軍政要人和社會名流慷慨解囊，捐資助學。據張伯苓的兒子張錫祚說，為了辦南開中學，除鄭菊如先生捐贈土地外，還有「徐

菊人（世昌）、盧木齋、嚴子均幾位先生，共襄義舉，集銀二萬六千兩，建起新校舍，……轉年，復得袁慰亭先生捐助，又修建了一座禮堂。到此，南開中學已初具規模。」這裏所說的徐菊人、袁慰亭，就是後來當過民國大總統的徐世昌和袁世凱。當時他們的地位已經很高，他們的善舉有很大號召力。張錫祚還說：「南開中學建立後，以倡辦新學，很有成效，一時社會上熱心教育人士紛紛解囊捐助，因此校舍得年年擴建，學生也年年增多。」（《張伯苓紀念文集》第 17 頁，南開大學出版社 1986 年版）這是南開中學創辦時的情況。

南開大學也是如此。據該校負責財務的華午晴和註冊部主任伉乃如在〈十六年來之南開大學〉中介紹：為了籌建這所大學，張伯苓和嚴修征得徐世昌、黎元洪支持，又南下拜訪南京督軍李純（字秀山）等軍政要人和社會名流，共募集大洋八萬五千多元，作為開辦費用，從而「開創了個人捐資興辦大學的新範例。」（司徒雷登語）有了這筆捐款，張伯苓於 1919 年在南開中學旁邊蓋了一座樓房作為大學校舍。第二年學校發展很快，經費問題又擺在面前。無奈之下，張伯苓只好再次南下，張組紳（又名張祖年）答應每年捐款三萬元，作為礦科使用。張組紳是江蘇武進人，民國初年擔任過山西省財政廳廳長，當時已棄官還鄉。張伯苓此行的又一收穫，是得到李純的重要承諾。這一次李純雖然沒有和張伯苓會面，卻託人轉話說：關於南開基金，我自有辦法，請不必過慮。當時張伯苓還不明白他是什麼意思，誰料張返回天津不到兩周，李純竟突然自殺（一說暴死），並在遺囑中說，願意將家產的四分之一捐給南開。有人說這筆捐贈為五十萬元，實際到位只有十萬元。但是據華、伉

二人說，事後其家屬以公債形式交付學校，南開大學「實收入八十七萬元。」這些說法也許與當時的幣值與公債的換算有關，但是無論如何，被人們視為軍閥的李純，還是做了一件很大的好事。因此，南開大學的「秀山堂」就是為了紀念這位將軍的。

1923 年，南開大學要在八里台建校，美國羅氏基金團為科學館捐助十二萬五千元，袁述之根據母親意願認捐七萬。隨後，羅氏基金團又多次捐助南開各項事業。1926 年，中華教育文化基金董事會決定在三年內撥款十萬五千元，作為擴充理科的專項經費。1927 年，因經營房地產發財的盧木齋（名靖）捐資十萬元修建「木齋圖書館」，於第二年落成。1929 年，中華教育文化基金董事會再次撥款資助南開理科，南開校友總會成立後也募集八萬元準備建「範孫樓」，以紀念剛剛去世的嚴修先生。1930 年，天津紳士李典臣捐書三百五十箱，價值五十萬元。同年，傅作義捐贈數百畝土地，每年可收租上萬元。日本東京出版協會也捐贈兩大箱圖書。（參見《南開大學校史資料選》，第 1-11 頁，南開大學出版社 1989 年版）另外，從〈南開大學歷年捐款出入表〉（1919-1935）中可以看出，當年捐款數額在五千元以上者，還有閻錫山、梁士詒、周自齊、王占元、靳雲鵬、張學良、陳芝琴等人（《南開大學校史資料選》，第40-44 頁）。

胡適認為，「南開學校之所以能蓬勃發展，主要是由於張伯苓的卓越領導。他常說：教育機構的帳上應該是赤字。任何學校當局若在年終銀行帳上有結餘，證明他是一個守財奴。因為他沒有能利用這些錢辦件好事。張伯苓自辦學那天起，個人一無所有，但他在辦學上從來不怕預算超支。他的計畫是向前發展。經費短缺並沒有

阻礙他的計畫擴展。他對未來總是樂觀的。他相信事情最終會成
功。事實也證明了這一點。他能常常得到支持，使他的計畫能以實
現。」（《張伯苓與南開大學》，第 96 頁）

需要指出的是，南開雖然經費困難，但是從來沒有依靠多收學
生來解決經費問題。這是它與過去許多私立學校、如今許多公辦學
校的不同之處。

四、教師的延聘與培養

除辦學經費之外，師資也是非常重要的辦學因素。

為了延聘優秀教師，張伯苓讓出身於南開的美國哥倫比亞大
學教育學博士凌冰擔任大學部主任。在凌冰主持下，先後來南開
任教的有梅光迪（文學）、竺可楨（氣象）、邱宗岳（化學）、應
尚德（生物）、姜立夫（數學）、饒毓泰（物理學）、司徒月蘭（英
文）、蔣廷黻（歷史）、薛桂輪（礦物學）、李濟（人類學）、吳大
猷（物理學）、楊石先（化學）、徐謨（政治學）、蕭公權（政治學）、
黃鈺生（心理學）、何廉（經濟學）、湯用彤（哲學）、蕭蘧（經濟
學）、李繼侗（生物學）、張忠紱（政治學）、陳序經（經濟學）等
人。大學者，有大師之謂也。從這個名單中可以看出南開大學的
實力。

平心而論，在聲望、條件和經費等方面，南開不如清華、北大；
但是與其他大學相比，南開大學還是有吸引力的。何廉說，1926
年他從美國學成回國，剛到日本，就收到南開大學的教授聘書，月

薪一百八十元。在此之前，他還收到暨南大學的聘書，月薪三百元。權衡之後，他還是選擇了南開。他覺得，由於京津地區是中國文化的中心，教育水準比其他地方更勝一籌，因此他還是選擇了薪水較低的南開。

　　說到教育水準，首先要看教師的水平。據說早在南開大學創辦的時候，美國羅氏基金團前來參觀，聽了邱宗岳先生講授的化學課以後驚歎不已，隨即為擬議中的科學館捐款十二點五萬元。南開的理科因為實力雄厚，也獲得中華教育文化基金董事會支持。到 1948 年中央研究院舉行第一屆院士選舉時，在八十一名院士中，出身於南開的就有姜立夫、饒毓泰、吳大猷、陳省身、殷宏章、湯用彤、李濟、陶孟和、蕭公權等九人。到了台灣後，又增加了蕭公權、蔣廷黻、梅貽琦、錢思亮等人。

　　對於一所大學來說，要想組建一支優秀的教師隊伍，不外乎兩種途徑：一是重金聘請，二是自己培養。南開沒有更多的錢聘請著名教授，只能選擇第二種途徑，這其實是更好的一條道路。後來擔任過中央研究院院長的著名物理學家吳大猷說：「我以為一個優良的大學，其必需條件之一，自然系優良的學者教師，但更高一層的理想，是能予有才能的人以適宜的學術環境。使其發展他的才能。從這觀點看，南開大學實有極高的成就。」（同上，第 117 頁）他還說，上述許多人就是在南開成長起來的。南開大學不僅培養出一大批優秀學生，也造就了許多學術大師，這是它對中國教育的一大貢獻，卻被許多人忽略了。

　　對於南開的學術環境和人際關係，何廉有也比較詳細的描述──

第一，張伯苓的人格魅力給了他很深的印象。他說，張先生高大魁梧，質樸真誠，認真負責，樂觀熱情。交談中，他總是全神貫注地傾聽對方說話，很少開口。熟悉之後，「我與他的交往發展到十分親密的程度，……（他）成了鼓舞我工作的動力。」

第二，南開的人際關係令人神往。何廉說：「教員之間意氣相投，關係十分融洽。除去講授中文課和中國文學課的教師外，所有的教員都是從美國『留學生』中延聘的。大家都很年輕，平均年齡三十歲左右，其中大部分在美國就是朋友了。行政部門的人員大部分是張伯苓在南開中學的學生，是在長時期為學校服務中提拔起來的。他們對學校和校長都忠心耿耿，工作埋頭苦幹，極其自覺而且工作能力很強。」何就是在這種氛圍中開始其學術生涯的。他認為良好的人際關係對他是很好的激勵。

第三，簡樸而充實的生活讓人感到滿足。與其他大學相比，南開的工資是比較低的。但由於它從不拖欠教師工資，因此許多人願意選擇南開。另外，為了彌補工資較低的缺憾，南開的房租很低，再加上社交活動很少，不正當的消費幾乎沒有，因此何廉認為「校園的氣氛可謂簡樸、安定、滿足。」（同上，第 123-124 頁）

正因為如此，南開的教師都以一種全力以赴地的獻身精神在工作，他們用心專一，從來不到別處兼職掙錢，這符合潘光旦所謂應當給教師一點寧靜的觀點，也是南開取得成功的一個原因。

南京國民政府成立以後，情況開始有所變化。當時羅家倫擔任清華大學校長，把清華基金從外交部爭取回來，用以改善教師待遇和教學環境，南開的許多著名教授因此去了清華。張伯苓深知南開雖然競爭不過清華、北大，但他堅信私立大學應該在教育界佔有一

席之地。他提出：「我們有必要競爭嗎？我們難道不應當決定停止
競爭，爭取互相合作，同心協力，取長補短嗎？」（同上，第 128
頁）經過認真研究，張伯苓決定發揮地處天津的優勢，成立經濟學
院，並實行教學、研究並重管理體制，經過幾年努力，「學經濟到
南開」，成為人們的共識，南開的聲望也大大提高。

五、「允公允能」的教育思想

　　關於張伯苓的教育思想，有各種各樣的說法，比如愛國教育、
民主教育、實用教育、科學教育等等，真是見仁見智，五花八門。
然而最能體現其教育思想的還是他在南開校訓中提出的「允公允
能」四個字（南開校訓為「日新月異允公允能」）。《詩經・魯頌》
中有「允文允武」句，「允公允能」顯然脫胎於此。據孔穎達解釋，
「允文允武」是「既有文德，又有武功」的意思。因此用張伯苓的
話來說，「允公允能」就是要培養學生「愛國愛群之公德，與夫服
務社會之能力」。

　　對於張伯苓的教育思想以及「允公允能」的深刻含義，在台灣
的南開校友雷法章有過精闢而精彩的解釋。他說：「『公』、『能』教
育的內容可以說是熔社會教育與個人教育於一爐的教育。前者是一
種社會道德的培養，而後者則是一種個人能力的鍛鍊。因此它的宗
旨是：不僅要求受教者能充實個體，同時它還進一步的要求個體的
充實。〔引者按，此處應為逗號〕不為己用，而應該為公為國，為
人群服務。在以往，一般人常常指責政治風氣貪污腐化，如果我們

稍加分析，就不難瞭解貪污的由來，是不知有『公』；腐化的原因，不外無『能』。如果我們以往的教育都能切實注意到『公』『能』，〔引者按：此處逗號可能是誤植〕並重觀念的培養，那麼，或許社會上依法腐化的風氣，將可日見肅清。」這些話說得多好啊！貪污的由來，是不知有「公」；腐化的原因，不外無「能」。這就是張伯苓提倡「允公允能」的原因。換句話說，貪污腐敗的盛行，除了制度不良外，也是教育的失敗。張伯苓還有一句名言：「一個人只有到死的時候，才會腐化，活人是不應當腐化的。」（同上，第 155-157 頁）這話對於那些不知有「公」，不外無「能」之輩，應該是當頭棒喝。

南開的管理非常嚴格。學校不僅重視基礎知識的學習，還規定學生不許蓬頭垢面，不許體態放蕩，不許言語粗野，不許奇裝異服，不許隨地吐痰，更不許飲酒、吸煙、賭博、早婚、冶遊，考試不許作弊。據說校內每幢樓的門廳內都有一面大鏡子，上面都刻著這樣的箴言：「面必淨，髮必理，衣必整，紐必結；頭重正，肩重平，胸重寬，背重直。氣象：勿傲、勿暴、勿怠；顏色：宜和、宜靜、宜莊。」張伯苓認為，中國傳統教育的最大缺陷是死讀書。他反對把學校辦成單純灌輸書本知識的場所，反對讓學生成為知識的俘虜。他說：「只知道壓迫著學生讀死書的學校，結果不過是造出一群『病鬼』來，一點用處也沒有。」（同上，第 31 頁）許多人在回憶張伯苓時都談到兩件小事：一是他不許學生吸煙，但自己卻吸旱煙。當學生指出時，他將煙袋一折兩段，從此再不吸煙。二是他年輕時留著鬍子，為了給學生做表率，他的鬍子越來越少，最後乾脆全部剃掉。

在張伯苓的倡導下,南開的學生會(即學生自治會)非常活躍。學生會不是學校的御用組織,而是學生自己管理自己的機構。據1948 年南開大學學生自治會編印的一份材料反映,當時這個組織已經趨於成熟,機構也比較完備。根據章程規定,該會最高權力機構是全體學生大會,立法機構是系級代表大會,執行機構是理事會。理事會從系級代表中提名,由全體學生普選產生。這份材料有一段話描寫了當時的選舉盛況:

> 在每學期改選的時候,規定幾天為提名日;提名截止後,
> 接著便是競選日了,為期大約四五天。這幾天是每個學期
> 最熱鬧、最緊張,也是最令人興奮的日子。競選的方式不
> 勝枚舉。整個學校都被籠罩在民主活潑的空氣裏。無論你
> 走那一條甬道,你都會看見兩邊牆上貼滿了數不清的競選
> 海報──大至幾丈長的畫像和標語,小至書籤一樣的傳
> 單,甚至在往來於東院,南院之間的校車上,你也能看見
> 「請選某某同學一票」的紅綠標語。在這些競選廣告上面,
> 推薦的同學儘量告訴大家他們所推薦者的能力和才幹。而
> 自己出來競選的同學也都真誠地傾吐出他們的抱負和理
> 想。這樣的熱烈的進行著。到競選最後的晚上,有一個競
> 選演說晚會。在那兒,同學們用演說、歌唱等方式來學習
> 這民主的一課。

(《南開大學校史資料選》第 439-440 頁)

這種情況與南開「允公允能」的教育宗旨是完全吻合的。因為南開大學的目標是要為現代社會培養公民,而不是為傳統社會培養

順民。公民與順民的最大區別，是前者要求自治，後者需要被治。
張伯苓深知今天的學生就是明天的公民，如果他們在學校裏沒有養
成獨立的人格和自治的習慣，這個國家是不會有希望的。

六、豐富而活躍的校園生活

　　除了學生自治會以外，各種各樣的學生社團也非常活躍。早年
的南開大學，屬於研究學問的有文學會、教育研究會、政治學會、
哲學會、科學會、經濟學會、商學會、星會、尋光會、英文學會、
國語演說會等等；屬於服務類的有畢業同學會、校役夜校、平民學
校、各省同鄉會等等；屬於文化娛樂型的有音樂會、唱歌會、新劇
團、舊劇研究會和各種臨時性遊藝會。此外還有各種類型的運動
會、考查團和旅行團等臨時性組織。

　　成立這麼多學生社團有什麼作用呢？第一，它可以培養學生
的興趣。興趣是最好的老師，學校裏有那麼多社團，可以讓學生
在團體活動中找到各自的興趣所在。曹禺小時候本來想學醫學，
後來考入南開大學讀的是政治學。但由於他在南開中學就受到話
劇的薰陶，還是在話劇創作上取得巨大成就。第二，它可以抵制
功利主義的影響，改變讀死書、死讀書的學風。1921 年科學會成
立時，大學部主任凌冰到會祝賀。他說：「本大學自開學以來，
學生均忙於功課，是以課外組織頗少，今日諸君自動的組織之科
學研究會，實勝慶幸。研究學問要自動的研究。研究科學，要為
科學而研究科學。不可雜以實用的思想，研究科學要問『怎樣』

──How，不可問『為什麼』──Why。因為研究科學若問『為什麼』，一定引到不可思議的地步，而為科學進步的阻礙」（同上，第 446 頁）。凌先生的意思，是說研究科學是沒有理由的。如果事先設定一個堂而皇之的目的，比如說為了國家富強，人民幸福之類，就會把科學引上歧途。第三，它有利於學生之間的相互交流，取長補短，增進友誼，從而培養一種合作向上不斷進取的團體精神。

在豐富多彩的校園生活中，張伯苓的表現給同學們留下深刻印象。早在辛亥革命之前，張伯苓就把話劇當作練習演說、改良社會的一種好形式。為此，他自編自導自演了南開公演的第一個話劇《用非所學》。該劇寫了一個從歐美留學歸來的賈有志，他本來抱著「工程救國」的理想，卻在名利誘惑下混跡於官場，成為學非所用，用非所學的典型。多少年後，人們還是對它的現實意義給予高度評價，並說張伯苓「可謂我國話劇第一人」（《張伯苓與南開大學》，第 58 頁）。從此以後，每逢校慶南開都要上演話劇。另外，張伯苓的弟弟張彭春在戲劇理論和創作上貢獻很大，也是南開出身的大師級人物。

張伯苓對體育極為重視。他曾經促成第一屆遠東運動會的召開，並擔任在上海舉辦的第二屆遠東運動會總裁判。他還擔任過華北體育運動會會長，中華全國體育協進會名譽會長，國民政府教育部體育委員會委員以及許多大型運動會總裁判。至於學校運動會的總裁判，更是非他莫屬。瞭解這些情況的人都說，張伯苓先生對中國現代體育運動具有不可磨滅的影響，他的領導才能與精神感召力給人留下很深的印象。

南開的體育，在抗日戰爭前是很有名的。從校史資料看，在球類方面，它有「執全國牛耳」並號稱「五虎」的籃球隊，有「雄視華北」而且是「球輸精神不輸」的足球隊，還有至今在許多公立大學都很少擁有壘球隊、棒球隊、網球隊。在田徑方面，南開曾多次參加遠東運動會、華北運動會等國際國內比賽，並獲得許多錦標。這一切，與張伯苓對普及體育活動、弘揚體育精神的深刻理解有關。他說：我「提倡運動目的，不僅在學校，而在社會；不僅在少數選手，而在全體學生。學生在校，固應有良好運動習慣；學生出校，亦應能促進社會運動風氣。少數學生之運動技術，固應提高，全體學生之身體鍛煉，尤應注意。最要者學校體育不僅在技術之專長，尤重在體德之兼進，體與育並重，庶不致發生流弊。」（同上，第 65 頁）

為了讓同學們在運動中獲得身體和心靈的愉悅，張伯苓提倡「仁俠」的運動精神。「仁俠」精神的含義很豐富，簡單說就是在運動中要有誠實公平的態度、光明磊落的行為、勝不驕敗不餒的作風。他認為，在比賽中獲勝固然重要，但千萬不要使用不道德的手段。因此他反覆告誡學生：「正當的失敗比不正當的勝利更有價值」（《南開大學校史資料選》，第 547 頁）。這正是體育精神的真諦所在。

此外，南開的「壁報生活」也很活躍。據統計，1947 年全校有二十多個壁報社團，其中有系辦的，也有社團辦的。有三日刊，有週刊，也有旬刊。這些壁報為大家提供了尋求真理、發表意見的園地，「完全是青年人愛民主、愛真理之表現。」（同上，第 466 頁）

七、校園被毀，精神還在

抗日戰爭爆發後，日本侵略軍違背國際公約，公然派飛機轟炸南開大學。隨後，日本兵又進入校園到處放火，使學校變成一片廢墟。1937 年 7 月 31 日，《中央日報》報導說：「兩日來日機在天津投彈，慘炸各處，而全城視線，猶注意於八里台南開大學之煙火。緣日方因二十九日之轟炸，僅及兩三處大樓，為全部毀滅計，乃於三十日下午三時許，日方派騎兵百餘名，汽車數輛，滿載煤油到處放火，秀山堂、思源堂（以上兩大廈均係該校之課堂）、圖書館、教授宿舍及鄰近民房，盡在煙火之中，煙火十餘處，紅黑相接，黑白相同，煙火蔽天，翹首觀火者，皆嗟歎不已。」（同上，第 82 頁）

日本軍隊為什麼對南開大學下此毒手呢？這與他們對南開的特殊忌恨有關。

早在 1916 年，張伯苓曾在瀋陽作了題為〈中國之希望〉的演講。出於好奇，張學良聽了這次演講。在談到中國面臨的危機時，張伯苓說：「每個人都要自強，只要人人有了自我，中國就亡不了。我們必須有這麼想的氣概，不管人家怎麼說，自己要有這種信念！」這些話使十幾歲的張學良感到強烈的震撼。後來他談到這一經歷時說：我能有今天，全是張校長當年的話起了作用。

1927 年，日本窺視東北的野心日益明顯，張伯苓到瀋陽、大連考察後，在南開大學成立「滿蒙研究會」（後改為東北研究會）。

研究會的活動得到張學良的支持。畢業於南開中學的著名美籍華裔學者何炳棣說，在東北研究會主持下，編寫了一本《東北經濟地理》的教材，非常系統地介紹了東三省的自然和人文地理。何先生認為：「這本教材無疑義地是當時國內有關東北地理有限著作之中最好的一部。……南開中學能如此愛國，編印出專門教材，開一專門新課──這個紀錄，可以向近代世界各國所有的中學『挑戰』。」（同上，第392頁）

　　1930年，張學良改組東北大學，張伯苓派出身於南開、後來又留學英國的寧恩承前去擔任執行校長，對張學良幫助很大。在這前後，張學良也捐贈土地、鉅款，支持南開大學。「九・一八」事變以後，東北大學遷入關內，南開大學接收該校不少學生。當時，張伯苓還出任天津抗日救國會領導人，積極組織聲援東北同胞的活動。長城抗戰期間，他又多次派學生去前線慰問抗日將士，並親自寫信鼓勵他們努力殺敵，為國爭光。西安事變爆發後，張伯苓致信張學良，希望他以大局為重，懸崖勒馬，釋放蔣介石，和平解決危機。

　　值得一提的是，1934年第十八屆華北運動會在天津召開，「南開啦啦隊」在看台上突然打出「勿忘國恥」、「收復失地」的標語，並發出激越的呼喊。全場三萬多人為之震驚，並報以震天動地的掌聲。當時日本駐天津的最高長官海津就座在主席臺上，他當即向運動會副會長兼總裁判張伯苓提出抗議，但張伯苓反駁說：「中國人在自己的國土上進行愛國活動，這是學生們的自由，外國人無權干涉。」梅津憤然退席後，向天津當局提出抗議。日本駐華使館也向南京政府進行交涉。據說當局要張伯苓管束學生，於是張把學生領袖召來，所說的第一句話是「你們討厭」，第二句話是「你們討厭

得好」，第三句是「下次還這麼討厭」，但「要更巧妙地討厭」（《張伯苓與南開大學》，第 46 頁）。此外，駐紮在八里台附近的日本軍隊經常騷擾南開大學，雙方還發生過較大衝突。這顯然是日本侵略者對南開恨之入骨的原因。

對於南開面臨的危險，張伯苓早有預料。1935 年他去南京，在南開校友聚會時說：「『九・一八』以後，尤其何梅協定簽字以來，平津一帶隨時可有戰局。同學們固應愛護母校，但尤應愛國。天津如被侵襲，早受日人嫉恨的南開學校，其遭遇破壞自屬必然。但我們不可因此對抗日有所顧慮。南開學校與國家比，實不算頂重要。有中國在，則南開縱使遭到破壞，何患不能恢復。」（同上，第 302-303 頁）南開校園被毀後，蔣介石對張伯苓說：「南開為中國而犧牲，有中國就有南開。」可見在抗日問題上，二人的意見多麼一致。張伯苓在接受記者採訪時也表示：「敵人此次轟炸南開，被毀者為南開之物質，而南開之精神將因此挫折而愈益奮勵。」（《張伯苓紀念文集》，第 261 頁）後來，

蔣介石所說的「有中國就有南開」，曾經廣為流傳。這句話，他好像反覆說過。南開校友唐賢可說，不知從什麼時候起，每逢南開校慶，蔣介石都要親臨祝賀。1944 年校慶時，他看到蔣介石到重慶南開中學探望張伯苓，臨走時，他清楚地聽到蔣介石對張伯苓大聲說：「有中國就有南開在」。（《張伯苓與南開大學》，第 264 頁）

抗日戰爭全面爆發後，南開大學與北大、清華在長沙共同組建臨時大學，隨後又轉移雲南，成立國立西南聯合大學。西南聯大為國家保存了學術文化命脈，譜寫了中國人在抗日戰爭中弦歌不絕的佳話。在這方面，允公允能、愈挫愈奮的南開精神起了不容低估的作用。

八、辦學五十年，美名傳天下

其實，早在 1935 年張伯苓就因為華北形勢緊張，想把南開遷往四川。當時他利用開會之機到重慶考察，決定在沙坪壩建立分校。第二年年初，張伯苓赴南京籌款，蔣介石表示支持，並認捐 5 萬元。這樣一來，各級官員如孔祥熙、張群、劉湘等政界要人以及社會名流都紛紛捐款資助。當年 8 月，重慶南渝中學（後改名重慶南開中學）正式建成，張伯苓自任校長，並成立南渝中學董事會，張群、吳鼎昌、盧作孚、胡子昂等人擔任董事。

1938 年 4 月西南聯大成立後，張伯苓與北大校長蔣夢麟、清華校長梅貽琦擔任校務委員會常委，共同負責學校工作。不過，自從當年 7 月張伯苓出任國民參政會副議長之後，他的主要精力就放在了國民參政會方面。國民參政會是抗戰期間成立的一個具有戰時國會性質的機構，其成員為社會各界的領袖人物。張伯苓以私人力量辦學數十年，能夠獲此殊榮，可謂名至實歸。儘管如此，他還是身在江湖，不忘教育。1940 年，他在病中對南開同人說：「我個人一生從事教育，此志不渝，雖近因參政會事和政治發生關係，但絕不忘掉本身事業。」1943 年 4 月 5 日是他六十八歲（虛歲）壽辰，他還立下這樣的誓言：「為國家，為南開，當再努力十二年，至八十歲再退休。」（《張伯苓與南開大學》第 306-307 頁）

這時的張伯苓，已經是譽滿中外的教育家了。1942 年 10 月，美國總統羅斯福的代表威爾基來中國訪問，專門參觀了重慶的南開中學。他回國後撰寫〈天下一家〉，高度評價了張伯苓的辦學成就。

　　1944 年月 1 月，國民政府為襄獎張伯苓終身從事教育所取得的成就，向他頒發一等景星勳章。

　　同年 4 月，著名教育家陶行知為張伯苓祝壽時，引用蔣介石的話寫了一首賀詩：「『有中國必有南開』，兩園桃李一手栽。從心所欲不逾矩，凱歌重上八里台。」從感人的詩句中不難看出，人們早已把張伯苓的奮鬥精神與抗戰必勝的信念緊緊地聯繫在一起了。

　　抗日戰爭勝利後，國民政府宣佈南開大學改為國立，張伯苓仍然擔任校長。但是張伯苓向蔣介石表示：南開大學「願仍以人民社團立場，繼續努力，以貫徹為國服務之初衷」。後來他還說：「南大因為經濟關係暫行改為國立，十年後仍將改為私立。」

　　人們對張伯苓不願意把南開變為國立大學作過種種解釋，比如說不願意受蔣介石控制等等，實際上都有誤讀之嫌。一所大學由私立變成國立，不僅經費有了保障，而且地位大大提高，這本來是求之不得的事情。但是為什麼張伯苓卻要堅持改為私立呢？這與他要通過自己的努力，以民間辦學的方式，「貫徹為國服務之初衷」有關。事實上，不用說社會發展到今天，就是在古代，中國也有「學在民間」的傳統。也就是說，如果無視民間的力量，什麼事情都由政府包辦代替，不但不會把事情辦好，還會挫傷每一個人的愛國心和積極性。國外的許多私立大學，都辦成世人仰慕的名牌大學，就是這個道理。因此張伯苓要走的也是這樣一條道路。他希望大家都要對社會盡一份義務和責任，而不要把什麼事情都推給國家，由政府來包辦。對於這個問題，缺乏「允公允能」精神的人，以及沒有現代社會理念之輩，是不會理解的。

1946 年，張伯苓赴美國治病，被哥倫比亞大學授予名譽博士學位。6 月 9 日，南開旅美校友會七十餘人在紐約集會，為張伯苓補祝七十周歲大壽。會上，老舍、曹禺朗誦亦莊亦諧的長詩一首，歌頌了老校長的偉業，表達了人家對他的欽佩——

知道有中國的，
便知道有個南開。
這不是吹，也不是謗
真的，天下誰人不知，
南開有個張校長？！

不是胡吹，不是亂講，
一提起我們的張校長，
就彷彿提到華盛頓，
或沙士比亞那個樣。

雖然他並不稀罕作幾任總統，
或寫幾部劇教人鼓掌。
可是他會把成千論萬的小淘氣兒，
用人格的薰陶，
與身心的教養，
造成華盛頓或不朽的寫家，
把古老的中華，
變得比英美還更棒！
……

詩中還寫到日本鬼子對張伯苓恨得要命,他們甚至說:「有這老頭子,我們吃天津蘿蔔也不消化!」但是,在南開校園被毀後,老校長「抹一抹鼻樑」說:「哼!咱老子還有昆明和沙坪壩!」(《張伯苓與南開大學》,第 249-253 頁)

1947 年 1 月,美國加利福尼亞某大學還授予張伯苓名譽法學博士學位,第二年,上述《另一個中國》在美國出版,胡適著文全面介紹了南開的誕生經過。在文章最後,他引用了張伯苓的一段話:「我對未來充滿希望。南開事業是無止境的,發展是無限的。讓我們拿出以往的勇氣和不屈不撓的精神,同心協力,使南開在建設祖國的事業中,成為重要的一員」。(同上,第 97 頁)

九、晚景淒涼與遺囑之爭

年 10 月 17 日是南開四十六周年校慶,張伯苓很早就做好了參加校慶活動的準備。但是到了那一天,「南開中學不允許他進入,而南開大學也只安排他在相關活動中坐一般座席。自此,他變得沉默孤獨,常常呆坐在居室,以手擊頭,神情頹喪,歎息不已,自感平生工作全被否定⋯⋯」(同上)。顯而易見,在這種情況下,他的精神世界遭到了毀滅性打擊。

經過一個淒涼而漫長的冬天,到了 1951 年 2 月 23 日,張伯苓與世長辭,享年七十五歲。前幾年他立下的「為國家,為南開,當再努力十二年,至八十歲再退休」的誓言,也同時化為泡影。

張伯苓去世後，有幾件事非常蹊蹺：一是國內媒體的反應十分冷淡，即使是周恩來親臨弔唁，也未公開報導；二是直到張伯苓逝世之後四十四天，追悼會才正式舉行；三是在張伯苓身後，居然出現大陸版和台灣版兩份遺囑。

關於第一件事，媒體的反應說明它們的功能已經完全改變，《大公報》所代表的時代已經成為過去。至於周恩來的活動為什麼沒有報導，還有待於相關檔案公開後才能瞭解事情真相。

關於第二件事，顯然與前一件事有關。有意思的是追悼會既不在南開大學，也不在南開中學，而是在南開女中的禮堂舉行。悼詞由多年擔任南開大學秘書長的黃鈺生宣讀，也可以看出其規格低到不能再低的程度。悼詞開頭有這樣的話：「這個追悼會，適應了許多人感情上的要求；這個追悼會，可以起團結和教育的作用」（《張伯苓與南開大學》，第 273 頁）。這些話似乎暗含著許多難言之隱，也表現出在政治高壓下，知識界殘存的一點頑強的個性。悼詞還列舉張伯苓讀了毛澤東《新民主主義論》之後的感悟，並且申辯道：「有人說，張伯苓沒有形式地向人民低頭」，但是他已經「向人民意志的代表——毛主席低頭了，在他的遺囑裏他已向人民政府低頭了」。這些話顯然是犯忌的，誠如下文所說，所謂沒有「向人民低頭」云云，至少是周恩來說過的話。因此這個悼詞只能散發些油印品，直到三十年以後才公開面世。

至於第三件事，則需要多說幾句。據的黃鈺生介紹，大陸版的張伯苓遺囑是由他執筆的。他說：張校長是 1951 年 2 月 14 日中風的，當時已經「口角歪斜，不能說話了，但神智還清楚，」有人提議應該為校長寫一個遺囑，「比較起來，我和張校長最接近，在南

開的時間也較久，所以大家推我起草。」他還說：「在伯苓先生逝世前三四天，我拿了遺囑草稿，讀給他聽，那時他雖然不能說話，但聽力還好，心裏也很清楚。我一段一段地念，他一段一段地表示同意；念完全篇之後，他挑大姆指，表示讚賞。」（《張伯苓紀念論文集》，第 40-41 頁）當時在場的人，除了張伯苓的家屬和黃鈺生之外，沒有其他人。

　　儘管黃鈺生在遺囑中以張伯苓的口吻對新政權予以高度評價，說「今日之人民政府為中國前所未有之廉潔的政府，其發展生產，友好蘇聯之政策，實為高瞻遠矚之政策。凡我同學，允宜竭盡所能，合群團結，為公為國，擁護人民政府，以建設富強康樂之新中國。無限光明遠景，余將含笑九泉以待之。」但是對於這份遺囑，周恩來在審讀時還是表示遺憾。他說：「可惜少了兩句話，即張伯苓應表示悔過，向人民低頭。」這也許是追悼會遲遲不能召開的原因，同時也是悼詞中反覆申訴的一個內容。

　　據說台灣版遺囑的落款日期是「中華民國四十年二月二十二日」，即張伯苓逝世的前一天。黃鈺生把這份遺囑斥為偽造。他舉例說，其中有些駢體排比的句子，比如「惟始皇陰狠，秦廷終於覆亡；巢闖跳樑，沐猴寧能成事？」顯然「不是張伯苓先生的口吻和筆調」。當然，台灣方面也不相信大陸版的遺囑是張本人的意願。有人說，當時張伯苓已經是「身為楚囚，失去個人行動與說話自由」了（同上，第 41-42 頁）。

　　除了這些眾說紛紜的歷史之謎之外，唯一不用爭論的是：張伯苓走了，連同造就他的那個時代。於是半個多世紀以來，儘管南開

的名字還在，校園還在，但是張伯苓對私立大學的理解，以及他創辦私立大學的精神，卻再也沒有出現⋯⋯

面對拓荒者身後還是一片荒蕪的現象，後人也許會問：這究竟是誰的罪過？

梅貽琦怎樣做人做事

一、引言

　　辦好一所大學，除了現代教育思想和教育制度之外，還需要兩個條件：一是充足的經費，二是稱職的校長。有了充足的經費，才有可能聘請優秀教師、購置先進設備、資助困難學生、提高教學質量、活躍校園生活……；有了稱職的校長，才會把這種可能性變成現實性。也就是說，如果沒有一位好校長，再多的經費也不會花到正經地方，弄不好還會落入私人腰包。

　　所謂稱職，除了懂行之外，更重要的是人格高尚。人格修養與制度建設是相互依存、相互影響的。前者屬於自律，後者屬於他律。在制度還不健全尚不完善的時候，人格修養就顯得特別重要。當年清華大學能夠成為人們心目中最好的學校，就是因為具備這樣兩個條件——美國退還的庚子賠款為它提供了充足的經費，梅貽琦校長的人格風範為它步入輝煌提供了可能。

　　美國退還庚子賠款，說起來比較複雜；但是梅貽琦先生的人格風範，卻是有口皆碑的事實。然而由於時過境遷等原因，梅貽琦的名字已經被大多數人遺忘，他的人格風範也幾乎成了絕響。因此，

如果大家都能把梅先生的所作所為當作一面鏡子，一份遺產，一種資源，那我們的教育就有點希望了。

梅貽琦字月涵，1989 年生於天津。據說其先祖是朱元璋的駙馬，受命駐防天津衛。從此，「天津梅氏」成為當地望族，並享有「以忠厚積德為家法……子姓繁衍，書香繼美，一門之內，孝友著聞」（《梅貽琦先生紀念集》，第 401 頁，吉林文史出版社 1995 年第 2 版）的聲譽。清朝末年，梅家開始衰敗，梅貽琦的父親雖然是個秀才，卻在店鋪謀生，後來又因為庚子之亂失業，全家生活陷入困境。1904 年，十五歲的梅貽琦以世交之誼進入南開學堂，因成績優異，頗受張伯苓賞識。1908 年，他被保送到保定高等學堂。第二年，清政府成立「遊美學務處」與「遊美肄業館」（清華大學前身），招收第一批庚款留學生，他以第六名的成績被錄取，赴美國吳士脫工業大學攻讀電機專業。1915 年，梅貽琦獲得工學士學位後回國，先在天津基督教青年會工作半年，後應清華邀請前去任教，從此他以畢生經歷貢獻於自己的母校。所以，他經常用「生斯長斯，吾愛吾廬」來形容他與清華的關係以及他對清華的熱愛。

1925 年，清華增設大學部，梅貽琦擔任物理系首席教授。第二年 4 月，他被全體教授推選為教務長。1928 年南京國民政府成立後，清華正式改為國立大學。不久，清華留美學生監督處財務混亂，他被派往美國擔任該處監督。1931 年，在清華校長連續易人、局勢動盪不定的情況下，他奉調回國擔任校長，終於穩住局面，開創了清華大學的黃金時代。

二、一句名言的來歷

梅貽琦擔任教務長以後，曾擬定《清華發展計畫》和《清華學校的教育方針》等文獻。前者認為，清華發展的根本問題是根據財政狀況來聘請好教員，增加新設備，至於行政部門則不要繼續擴充；後者則提出培養人才的各項方針，其中特別強調基礎知識和基本訓練之重要。此外，他還參與制定了《清華學校組織大綱》和《國立清華大學規程》等制度。

擔任校長後，梅貽琦在就職典禮上明確指出，辦大學的目的只有兩個，一是研究學術，二是造就人材。為此，他提出「學術造詣，是不能以數量計較的」觀點（《梅貽琦教育論著選》，第 10 頁，人民教育出版社 1993 年出版）。用這個觀點來對照一下如今在大學校園流行的量化考核制度，真是發人深思，令人長歎。

在這個簡短的就職演說中，梅貽琦還說了一句非常精闢的話：「所謂大學者，非謂大樓之謂也，有大師之謂也。」這句話雖然廣為流傳，但許多人未必知道其來歷。根據追隨梅貽琦多年的趙賡揚回憶，當年梅先生回國擔任校長時，正是美金升值、學校經費綽綽有餘的時候。為此，各院系除了大量購買圖書儀器外，校園內還有一股大興土木之風。因此，他在就職典禮上說這句話，是要強調大學的好壞取決於大師的多少，而不是大樓有多高。後來施嘉煬教授也說，抗戰勝利後，梅先生還在《校友通訊》中寫道：「縱使新舊院系設備尚多欠缺，而師資必須蔚然可觀，則他日校友重返故園

時，勿徒注視大樹又高幾許，大樓又添幾座，應致其仰慕於吾校大師又添幾人，此大學之所以為大學，而吾清華最應致力者也。」（《梅貽琦先生紀念集》，第 289 頁，吉林文史出版社 1995 年 2 月第 2版）看到這裏也許有人會問：倘若梅先生知道如今建築市場的潛規則也在校園裏大行其道、而廣大教師在各種壓力下也很難提高教學研究水平時，他會作何感想有何議論呢？

三、教授治校的管理模式

當然，如今一些學校也有重金聘請名師和留洋博士的舉措，但那往往是為了爭取經費、爭奪課題、申報博士點等需要。相比之下，梅貽琦聘請教授，卻不僅是為了教書育人，還為了群策群力，共同管理好這所學校。

這就涉及到清華的一個傳統──「教授治校」了。近年來，大家都覺得教授治校是一種很好的管理模式，但是如果不解決操作問題，教授治校就可能流於形式，甚至成為一個口號。據一些當事人回憶，大約在 1925 年以後，清華有一個沒有校長或者有校長也不起作用的階段，學校事務由校務會議決定。為了保證學校行政獨立、學術思想自由，抵制上面派來的校長獨攬大權，清華教授們經常召開教授會議討論學校大事。這一點，從 1926 年的吳宓日記和其他一些材料中可以看出。教授會之外，還有一個由教授會推選的評議會。那麼校務會、教授會、評議會究竟是什麼關係呢？近年來關於清華北大的書出了不少，但其中大多數在制度方面都言之不

詳。我查了一下民國十五（1926）年梅貽琦參與制定的《清華學校組織大綱》，才知道評議會由校長、教務長以及七名評議員組成。其職權如下：

> 一、規定全校教育方針；
>
> 二、議決各學系之設立、廢止及變更；
>
> 三、議決校內各機關之設立、廢止及變更；
>
> 四、制定校內各種規則；
>
> 五、委任下列各種常任委員會（委員會名稱從略）；
>
> 六、審定預算決算；
>
> 七、授予學位；
>
> 八、議決教授、講師與行政部門主任之任免；
>
> 九、議決其他重要條件。

教授會職權如下：

> 一、選舉評議員及教務長；
>
> 二、審定全校課程；
>
> 三、議決向評議會建議事件；
>
> 四、議決其他教務上公共事項。

從這裏可以看出，評議會在學校裏權力很大，其成員除校長之外，都由教授會選舉產生。也就是說，由梅貽琦參與制定的《清華學校組織大綱》，為教授治校奠定了頗具操作性的制度基礎。

然而，要讓這一制度付諸實現也有個過程。據陳岱孫回憶，當年蔣夢麟由教育部長改任北京大學校長後，曾非常明確地說：「我

不贊成教授治校，我的口號是校長治校，教授治學」。但是梅貽琦擔任清華大學校長後，卻極力支持教授治校的管理體制，並把它帶到西南聯大。

陳岱孫還說，在這一體制確立的過程中，清華大學教授們也起了很大作用。早在 1929 年，清華大學要成立了文、理、法三個學院，由於院長是評議會當然人選，所以院長如何產生，就成為擺在大家面前的一個重要問題。按照教育部頒佈的《大學組織法》的規定，院長應該由校長任命，但教授們認為校長可以任命教務長、秘書長等行政人員，卻沒有資格任命學院院長，因為院長是教學活動和學術研究的負責人。幸虧當時的校長羅家倫是五四運動的學生領袖，因此經過協商，雙方做出讓步：教授會對每個學院公推兩名候選人，讓校長從中選擇一位。這樣一來，除了校長由教育部任命外，評議會其他成員依然要通過教授會才能產生（參見《梅貽琦先生紀念集‧陳序》）。陳先生所說的情況，馮友蘭在《三松堂自序》中講得很詳細。

經過大家努力，清華大學教授會和評議會的地位大大提高，因此馮友蘭說，當年清華流傳著這樣一句話：「教授是神仙，學生是老虎，職員是狗。」他還說，教授會、評議會和校務會議其實是清華的「三級會議」——評議會好像是教授會的常務委員會，校務會議又是評議會的常務委員會。三級會議不僅權限分明，各司其職，還有嚴格的議事規則，以免會而不議，議而不決（參見《三松堂全集》，第 1 卷，第 314-318 頁，河南人民出版社 1985 年出版）。這種行之有效的操作性，為教授治校的實現提供了可靠的保證。

四、「吾從眾」的民主作風

　　清華大學是國民黨推翻北洋政府以後才改為國立大學的。根據國民黨的說法，中國人素質低下，不具備公民資格，只有經過訓政，才能實行憲政。所謂「訓政」，就是把國民黨「黨義」定於一尊，在文化上推行「黨化教育」，在政治上實行一黨專政。這對於清華大學教授治校的民主制度是一個嚴峻的考驗。

　　在人們印象中，梅貽琦是個文弱書生。他不愛說話，被稱為「寡言君子」。按規定，教授會、評議會和校務會議都要由校長主持。凡是學校規章制度、年度預算、新增專案、建築設計⋯⋯，都要由教授會和評議會討論決定。據說，開會時梅校長很少說話，而是仔細聽取別人意見。這是博採眾議、無為而治的典型。梅貽琦說，他就像京劇中的「王帽」一樣，看似重要，卻不大開口，主戲要讓別人來唱。有人說他有一種忘我的人格，只知有事，不知有「我」；他待人以誠，遇事都要公開討論；如果大家意見不一，爭論不休，他能用簡明扼要的話指出癥結所在，使問題順利得到解決。在具體事務上，他也非常尊重大家的意見，當年數學大師熊慶來要破格錄取華羅庚，他完全支持。因此朱自清曾經在一篇文章中說：「清華的民主制度，⋯⋯究竟還是很脆弱的，若是沒有一位同情的校長支持」就不可能確立，而梅貽琦「便是難得的這樣一位同情的校長」（《梅貽琦先生紀念集》，第22頁）。

　　這些年來，有些人也承認大學需要大師，但是如何才能把大師請進來、留得住，卻未必清楚。他們以為只要有錢，有優厚的報酬和優越的環境就能羅致人才；殊不知真正的學者更需要人格尊嚴、教學獨立、思想自由。因此，大學校園裏的民主空氣就非常重要。最近看到陳丹青要退出清華大學的報導，就是一個很好的例證。陳先生是 2000 年被清華大學以特聘教授和博士生導師從美國請回來的。但是回來後他卻無法適應學校的招生制度、量化考核和行政化管理。由於他多次向校方呼籲都無濟於事，只好選擇離去。我想，如果他遇上了梅貽琦這樣的校長，肯定不會失望。

　　蔣廷黻說，當年梅貽琦主持評議會時，通過一個教師待遇條例，其中一條規定要減少授課時間，為教師研究提供方便。蔣認為當時清華與其他國立大學的薪水相同，如果教師只看重收入，就不必到清華；如果他們看重研究的便利，就會來清華任教。這只是談到問題的一個方面，相比之下，還是傅任敢說得好。傅先生好像擔任過清華中學校長，他在梅貽琦誕辰六十周年之際撰文說：「一個大學僅僅有錢有設備是辦不好的，它得有好的風氣，好的教授。風氣如何才能好，好教授如何才肯來呢？這是由於清華的校務真正公開，校長絕不獨斷獨行。因為一切集思廣益，進步自然愈來愈大；因為分工負責，人人均覺清華自己也有一份，所以大家工作都有興致。……在清華，一切沒有私，一切是公開。因此，學術的風氣才能增進，出色的教授才肯前去。在這方面，以身作則的就是梅校長。」（《梅貽琦先生紀念集》，第 59 頁）

　　除了奉行學術獨立、思想自由的原則外，梅貽琦在學校管理上還主張精兵簡政。吳澤霖在上世紀八十年代回憶說，當年教育部對

國立大學人事編制有具體規定，但是梅先生嫌其機構重疊，人員繁多，並沒有完全執行。因此清華大學從校長到教務長、訓導長、秘書長、院長、系主任、圖書館館長、體育部主任以及各級行政部門，都沒有設立副職。查南京國民政府制定的《大學組織法》（1929 年頒佈，1934 年修訂），其中規定大學校長、學院院長和系主任都是只設一人。我想，吳先生的回憶之所以有誤，可能有兩個原因：一是因為他對該組織法不大瞭解，二是有感於後來的大學機構臃腫、人浮於事的狀況過於嚴重。

五、什麼是體育精神

　　曾經擔任過北大教務長的樊際昌說，梅貽琦是個只知有事，不知有我的人。他服務於清華近五十年，非常關心愛護學生，先後培養出數以萬計的優秀人才，這些人為學術事業做出了傑出貢獻。

　　梅貽琦對學生的關愛，主要體現在他的通才教育思想上。關於這個問題，我在《清華大學與通才教育》中做過介紹。這裏我只想強調，通才教育與專業教育的根本區別，用愛因斯坦的話來說，就是前者是要培養「和諧發展的人」，後者是想把人變成「一隻受過很好訓練的狗」，或者一台「會說話的機器」。陳丹青先生感歎說，如今的學生是「有知識沒文化」、「有技能沒常識」、「有專業沒思想」，我看這與多年來整個社會不重視通才教育有關。

　　除此之外，梅貽琦對學生的關愛還表現在許多方面。翻開《梅貽琦教育論著選》，有不少是在開學典禮、畢業典禮或其他活動上

的講話。比如當選教務長之後，梅貽琦對即將留美的學生說，你們到美國後，只有保持科學的態度，才能對美國有充分的瞭解，才能獲得真正的學問。他認為所謂科學的態度是：「第一不預存成見；第二要探究事實；第三要根據事實，推求真理；第四要對於真理忠誠信守。」（該書第 4 頁）這些話樸實無華，卻蘊含著深刻的道理。

我注意到，在這本書中，涉及體育內容的很多。早在民國初年周詒春擔任校長的時候，清華的體育活動就非常活躍。絕大多數人認為，所謂體育主要有兩個功能：一是鍛煉身體、磨練意志，二是奪取獎牌、為國增光。但這種認識是有問題的。梅貽琦擔任教務長以後，就明確告訴學生：「須知體育之目標，不單是造就幾個跑多快，跳多高，臂腿多粗的選手，不單是要得若干銀盾、錦標，除此之外，也許可以說在此之上，還有發展全人格的一個目標」（同上，第 8 頁）。1934 年，他擔任校長後又對同學們說：「青年對於學問研究，精神修養各方面，均須有人領導提倡，而體育的主旨，不在練成粗腕壯腿，重在團體道德的培養。我國古重六藝，其中射、御二者，即習勞作，練體氣，修養進德。後人講究明心見性，對勞動上不甚留意，是以國勢寢弱。吾們在今日提倡體育，不僅在操練個人的身體，更要藉此養成團體合作的精神。吾們要藉團體運動的機會，去練習捨己從人，因公忘私的習慣。故運動比賽，其目的不在能任選手，取勝爭榮；在能各盡其可盡的能力，使本隊精神有有效的表現，勝固大佳，敗亦無愧。倘遇比賽，事先覺得無取勝可能，遂避不參加，忘其為團體中應盡的任務，是為根本錯誤。」（同上，第 62 頁）

用通俗易懂的話來介紹西方成功經驗，並希望現代文明的種子在中國落地生根，開花結果，是梅貽琦那一代自由知識份子的共同

特點。拿這些話與儲安平早年寫的《英國采風錄》對照一下，可以幫助我們進一步理解什麼是真正的體育精神。

儲安平說他寫這本小冊子有兩個目的：一是為了比較一個中英兩國人民的性格，看看他們在做人做事方面有何異同；二是想探討一下英國強大，中國衰弱的原因何在。書中有一章專門寫英國人的個性和風度。據儲安平介紹，從個性上看，英國人有許多優點，比如注重實際、不尚空談、正直無私、含蓄幽默、講究禮貌、堅韌勇敢等等，但是最讓人受啟發的還是書中對費厄潑賴精神的解釋。

費厄潑賴這個詞自從被魯迅當作一篇文章的標題並入選中學語言教材之後，大家就對它產生嚴重的誤解，這實在是莫大的遺憾。儲安平說：費厄潑賴（Fair play）這個詞很難翻譯，它本來是體育術語，意思是說任何體育比賽都是一個整體，一場遊戲（game）。因此運動員既是比賽的合作者，也是遊戲參與者，大家不僅要尊重隊友的人格和存在，也要尊重對手的人格和存在，否則比賽就無法進行，遊戲也玩不起來。把這種理念推而廣之，就形成對英國人的一種處世哲學。儲安平認為，費厄潑賴與孔子所謂「己所不欲，勿施於人」有點類似，但「己所不欲，勿施於人」偏於消極，費厄潑賴卻包含消極和積極兩個方面。顯而易見，儲安平介紹的費厄潑賴精神，在足球比賽中表現得最明顯。當今的中國足球越踢越臭，越踢距離世界水平越遠，除了體制問題外，顯然與運動員缺乏費厄潑賴精神有關。

寫到這裏，正好看到中央電視臺新聞頻道「社會記錄」專欄介紹清華跳水隊的問題。該隊雖然冠以清華大學四字，招收的卻都十來歲的孩子，沒有一名本校學生。這樣做的目的，據說是為了從娃

娃抓起，以便出成績奪金牌。然而由於政策的變化，這些成績優秀的娃娃們喪失了參加國際大賽的機會，於是大家紛紛離去，跳水隊難以為繼。可見當初成立跳水隊的動機就不對。然而人們談論這件事的時候，只是就事論事，似乎並不明白問題的根源何在。

儲安平還說，因為有了費厄潑賴精神，英國人才能在政治上主張改革漸進，反對破壞性革命；有了費厄潑賴精神，他們才能制定一系列公開、公平、公正的原則，讓執政黨和反對黨在全社會監督下共同完成一場「政治遊戲」；有了費厄潑賴精神，他們做人做事才會堅韌、剛毅、勇敢、平和，才不會作偽、取巧、走極端，施詭計，才有寬容異己的雅量和勇氣。這也是英國人在大學裏特別重視體育，並把足球當作國球的原因所在。

抗日戰爭中，李長之在文章中表示，梅先生說「學生沒有壞的，壞學生都是教壞的」，這句話讓他非常感動。梅貽琦還對學生說：現在教書的想做官，做官的想發財；但大家要看得遠一點，要有赤子之心，做一個平凡的人。由此可見，面對當今社會表現出來的以官為本、崇尚金錢、弄虛作假、輕視生命等問題，應該追究教育的責任。

六、廉潔奉公　兩袖清風

梅貽琦被視為做人的楷模和清華精神的化身，不僅是因為他有正確的教育理念、集思廣益的民主作風，更因為他有廉潔自律、克己奉公的美德。擔任校長後，他主動放棄了前任校長享受的幾項「特權」，其中包括免交電話費、免費雇傭家庭幫工和免費拉兩噸煤等

待遇。他說：「雖然款項有限，但這是個觀念和制度的問題。」直到晚年，他都要用自己的錢買辦公室需要的火柴、茶葉、肥皂等物品，絕不公款私用。

清華因為環境幽雅、經費允足、設施一流，素有貴族學校之稱。因此他在就職演說中除了提出著名的「大師論」之外，還告誡大家：「清華向來有一種儉樸好學的風氣，這種良好的校風，我希望今後仍然保持著。」他還要求同學們平時要穿布衣布鞋，不要沾染紈絝子弟的惡習。

早在上個世紀三十年代，美國著名漢學家費正清初到中國時，與梁思成、林徽因夫婦以及蔣廷黻、金岳霖等人交往很深。1942年他再度來到中國，為中國知識份子有抗日戰爭中面臨的艱難生活所震驚。他在回憶錄中說：「獲得食物和住房，以及最起碼的生活必需品，成了聯大教職員工當時最主要的問題。我的朋友，哲學家金岳霖，經濟學家陳岱孫，英語系的夏威夷美籍華裔教授陳福田都剛剛搬到美國領事館隔壁的老劇場露臺上住，搭起了臨時的活動房屋。」接下來他描述了這些活動房屋的情景：「大老鼠在紙糊的天花板上面跑來跑去，幾乎從上面掉下來，於是我們談論到買一隻貓，但一隻貓時價為銀洋兩百元。」（《費正清對華回憶錄》，第219頁，上海知識出版社1991年出版）在談到蔣夢麟和梅貽琦時，作者是這樣寫的：「他們作為昆明高校的兩位領袖，都是以其苦行僧形象著稱的，是給人以深刻印象的人物。蔣夢麟近來沒為北大做什麼。他已困難到山窮水盡，唯靠典賣僅剩的衣物書籍而維持生活，他的夫人現在正在設法尋找工作，而他自己則回到昆明去擔任中國最高學府的校長。跟梅貽琦相比，蔣夢麟的經濟境況還稍勝一籌。

梅夫人化名找到一個工作，結果被發覺，只得中輟。」（同上，第271頁）

費正清畢竟是外國人，儘管他的回憶大體不錯，但某些字句還是與事實稍有出入。相比之下，梅夫人韓詠華有更準確的回憶。她說：

一九三八年我們把家搬到昆明。那時清華已與北大、南開合併為西南聯大。梅先生和蔣夢麟先生（北大校長）、張伯苓先生（南開校長）組成聯大常委會。在昆明這一段的生活是比較艱苦的。學校給教職工謀的福利沒有三位常委的份，用現在的話來說，就是先人後己吧。為了補貼家用，聯大有很多教授的夫人要做一些零活。我也和潘光旦夫人、袁復禮夫人組織了一個「互助組」，自製一種名叫「定勝糕」的上海點心。糕是粉紅色、形狀像銀錠，由潘夫人在鄉下磨米粉、煮豆沙，並準備其他原料，我和袁夫人負責做成糕，再由我送到冠生園食品店去賣。冠生園離家很遠，為了省錢，我總是步行，來往路程需要一個半小時。又捨不得穿襪子，光腳穿一雙破舊皮鞋，把腳都磨破了，腿腫得好粗。這段日子是夠苦的。但是我們選了「定勝糕」做我們生產品的名字，以表達對抗戰勝利的希望和信念。

（《梅貽琦先生紀念集》第259頁）

有人建議我們把爐子支在「冠生園」門前現做現賣，我礙於月涵的面子，沒肯這樣做。賣糕時我穿著藍布褂子，自稱姓韓而不說姓梅。儘管如此，還是誰都知道了梅校長夫人挎籃

子賣定勝糕的事。……

月涵一向忙於校務，家裏人怎樣生活，是否挨餓，他全然不知。直到看見我這樣狼狽，看到教授的太太們這樣疲於奔命地維持生活，他才著了急，向重慶政府教育部為大家申請了一些補助。還有一次教育部給了些補助金，補助聯大學生，我們當時有四個子女在聯大讀書，月涵卻不讓領取補助金。

（同上，第 275 頁）

此外，梅夫人還談到她兩次擺地攤的事情。

引述這些往事，是覺得抗日戰爭中雖然有孔二小姐帶著愛犬坐飛機逃難的醜聞，但是中國的知識份子並沒有被艱苦的環境所嚇倒，他們竭盡全力地維護著學術的尊嚴、文化的命脈和民族的精神。這是中華民族沒有被日本侵略者征服的主要原因。正因為如此，費正清才感慨地說：「我為我的朋友們繼續從事學術研究工作所表現出來的堅忍不拔的精神而深受感動。依我設想，如果美國人處在此種境遇，也許早就拋棄書本，另謀門道，改善生活去了。但是這個曾經接受過高度訓練的中國知識界，一面接受了原始純樸的農民生活，一面繼續致力於他們的學術研究事業。學者們承擔的社會責任，以根深蒂固地滲透在社會結構和對個人前途的期望中間。如果我的朋友們打破這種觀念，為了改善生活而用業餘時間去做木工、泥水工或鉛管工，他們就會搞亂社會秩序，很快會喪失社會地位，即使不被人辱罵，也會面為人們非議的對象。」（《費正清對華回憶錄》第 269 頁）

1948 年 12 月北平被圍困的時候，梅貽琦是搭乘最後一班飛機離開的。他走的目的，是為了保護清華基金。梅貽琦去了美國後，

生活非常艱難，年過花甲的梅夫人不得再次出去打工。後來，梅夫人在一次座談會上說，梅先生晚年病重的時候，胡適想勸他寫遺囑，好對公事私事有個交代。但是梅先生不愛聽，直到去世也沒有寫。不過在他的病床下有一個皮包，皮包裏放著什麼，連梅夫人也不知道。梅先生去世後，秘書先把這個皮包封存好，然後在一個公開場合打開，大家一看，裏面全是清華基金的帳目，一筆一筆，絲毫不差。（《梅貽琦先生紀念集》，第318-319頁）

對於這件事情，孫漢觀談得更透徹。孫先生說，當年他從美國回到台灣，曾與擔任台灣清華大學教務長（後任校長）的陳可忠閒談，陳盛讚梅先生的偉大。陳說這些年來，「清華龐大的美金收入，全由梅先生一人管理和支用，無人監督，而到今梅先生還是『兩袖清風』，真是了不起可欽可佩的廉潔！之後梅先生病故，一無遺產留下，更證實此語之不虛也！」

許多人聽了這些故事，也許會認為梅先生確實偉大。但是孫先生卻有另外一番感慨。他寫道：「不過憑良心說，在當時作者聽到這句話時，心中非常難過。因為那時剛從美國久住回台，在美國從來沒有聽到過一位大學校長可把校款私用，公款公用是一位校長的本分，如果一位校長做到了，他只是守公守法，沒有什麼可特別褒揚的。……現在看來，……梅先生能在長時期在無人監督的情形下不隨汙逐流，真是黑暗中的一顆明星。陳可忠先生認為梅先生的『兩袖清風』，是最高的美德，誠有極深刻的意義！也影射著我們社會美德的墮落也！」

孫先生認為：「與節儉一樣重要，但一樣被人忽略的是廉潔。」什麼是廉潔？「廉潔就是不貪污」；什麼是貪污？貪污「就是偷竊

或搶劫公家的財物和權力，作為私用。」他還說：「大家都知道偷
竊或搶劫別人的財物和權力，是不道德的事，但是公家的財物和權
力，似乎是另一回事，人們可任意偷搶，而不認為是在偷搶，因此
貪污幾乎已成了一種傳統的文化。」（同上，第 382-384 頁）

　　這些話講得太好了，但是對最後一句我卻不敢苟同。因為在我
看來，貪污腐敗不應該歸罪於傳統文化，而應該依靠高尚的人格和
完善的制度來解決。

附錄：清華大學與通才教育

　　二十年前，馮友蘭在回憶清華大學往事時，曾對「教授治校」的民主管理體制予以很高評價，與此同時他又不無遺憾地說：「當時教授會經常討論而始終沒有完全解決的問題，是大學教育的目的問題。大學教育培養出來的是哪一種人才呢？是通才呢？還是專業人才呢？如果是通才，那就在課程設置方面要求學生們都學一點關於政治、文化、歷史、社會，總名之曰人文科學。如果是專業人才，那就不必要有這樣的要求了。這個分歧，用一種比較尖銳的提法，就是說，大學教育應該是培養『人』，還是製造『機器』。這兩種主張，屢次會議都未能解決。後來，折中為大學一、二年級，以『通才』為主，三、四年級以專業為主。」（《三松堂全集》，第 1 卷，318-319 頁，河南人民出版社 1985 年版）

　　究竟是培養「人」，還是製造「機器」，這不僅是清華大學，也是一百多年來中國教育始終沒有解決的一個大問題。這個問題不解決，國人就會繼續喪失思考和創造的能力，甚至淪為會說話的工具，任人驅使的奴隸；而所謂中國在二十一世紀將會如何如何，不是癡人說夢，就是鬼話騙人。好在近年來國人開始對 1952 年院系調整開始有所反思，清華大學也正在改變單純工科大學的形象，但是我們對通才教育的認識，還遠遠沒有達到前輩學者的水平；再加上整個社會長期被金錢第一、專家至上、高速發展等急功近利的觀念所困撓，就使「人」的培養大受影響，「機器」的製造仍在進行。

為此，回顧一下當年清華大學教授們在通才教育上的意見，應該有助於這個問題的解決。

（一）梅貽琦如是說

說到清華大學的通才教育，梅貽琦是最有力的倡導者。梅先生字月涵，1889 年生於天津。他早年就讀於南開中學的前身「嚴氏家塾」和敬業學堂，二十歲時以優異成績考取第一期庚款留學生，赴美國專攻電機工程。學成後返回清華任教，並擔任教務長、校長多年，直到 1948 年年底才被迫離開北平。

俗話說「賣什麼的吆喝什麼」，作為學有所長的專業人士，梅在學校裏倡導專業教育，也是人之常情。何況實科教育即專業教育，乃是二十世紀中國的一大主題。據我所知，在 1929 制定的《中華民國教育宗旨及其實施方針》中，就有「大學及專門教育，必須注重實用科學，充實學科內容，養成專門知識技能」的規定（《中華民國教育法規選編》，第 46 頁，江蘇教育出版社 1990 年版）；1933年，國民黨中央又頒佈《三民主義教育實施原則》，也把「學生應切實理解三民主義的真諦，並且有實用科學的知能」，作為高等教育的培養目標（同上，52 頁）。在這種方針政策的指導下，「國民政府……限制文科的招生人數，以鼓勵更多的學生學習自然科學和工科」（《劍橋中華民國史》下卷，第 443 頁，中國社會科學出版社 1994 年版），也就「理」所當然了。

梅貽琦是 1931 年擔任校長的。為了糾正上述偏頗，他上任不久就告誡學生：「有人認為學文學者，就不必注意理科；習工科者

就不必注意文科，所見似乎窄小一點。學問範圍務廣，不宜過狹，這樣才可以使吾們對於所謂人生觀，得到一種平衡不偏的觀念。對於世界大勢文化變遷，亦有一種相當瞭解。如此不但使吾們的生活上增加意趣，就是在服務方面亦可以加增效率。這是本校對於全部課程的一種主張。盼望大家特別注意的。」（《梅貽琦教育論著選》，第 17 頁，人民教育出版社 1993 年版）

第二年，他在開學典禮上以「教授的責任」為題發表講話。在這次講話中，他委婉地批評了有些學生熱衷於開會、宣傳之後，又誠懇地指出：「凡一校精神所在，不僅僅在建築設備方面之增加，而實在教授之得人。……吾認為教授責任不盡在指導學生如何讀書，如何研究學問。凡能領學生做學問的教授，必能指導學生如何做人，因為求學與做人是兩相關聯的。凡能真誠努力做學問的，他們做人亦必不取巧，不偷懶，不作偽，故其學問事業終有成就。」（同上，24-25 頁）。近年來國人對梅先生「所謂大學者，非謂有大樓之謂也，有大師之謂也」的名言早已耳熟能詳，但是很多人並不明白大師乃是博極古今、學貫中西的通人，這種人只有通才教育才能培養出來，才能發揮其作用。然而，我們的通才教育在哪裡呢？多年來人們不斷呼喚大師，渴望諾貝爾獎金，卻不知道沒有通才教育，怎能有大師出現，更不要說諾貝爾獎了。

第三年，梅又在開學典禮上說，聽說今年的新生大多數願意學理工科，「這大概是因為社會方面近來注重理工之故。理工為實用科學，固宜重視，但同時文法課程，亦不宜過於偏廢。」他介紹說：為避免新同學在選修專業時有「匆促勉強之弊」，學校決定今年入

學的「一年級新生並不分院系（工院除外），大家在初入校時，可不必即決定入何系，最好在此一年內細細體察自己志趣所在，性之所近，究習何科較為適當，然後再決定」。（同上，52 頁）這種設想在當時不算什麼，但是放在今天卻是空谷足音。與那時的學生相比，我總覺得現在的青少年可憐得很：且不說初中畢業後就可能被淘汰出局，好一點的也只能去職業高中接受專門訓練；也不說為了適應高考，進入高中後又要面臨學文科還是學理科的命運選擇；單說考大學的時候，要在眾多的學校和無數的專業中填報志願，就讓人無所適從。於是所謂志願就有點像押寶，其參照系往往是什麼樣的專業在畢業後好找工作；至於個人的志趣所在，性情所近，則幾乎不加考慮。這種拉郎配式志願選擇，與父母之命、媒妁之言的舊式婚姻幾乎沒有兩樣。

到了 1941 年，為慶祝清華建校三十周年，梅校長又在〈大學一解〉中進一步闡述了他的主張。文章說，從心理學的角度來看，人格可以分為「知、情、志」三個方面，但如今的教育卻只是注重「知」的灌輸，不重視「情」與「志」的培養，再加上學校課程太多，學生壓力太大，學校生活不利於人格修養，這就導致「習藝愈勤去修養愈遠」的狀況，造成只知隨聲附和、人云亦云，不敢力排眾議、自作主張的局面。在這種情況下，學校裏「每多隨波逐浪（時人美其名曰『適應潮流』）之徒，而少砥柱中流之輩」，也就在所難免了。梅的說法讓我想到，近年來每逢發生重大事件，在電視採訪中幾乎看不到不同的聲音。許多大學生和專家學者往往象留聲機似的，只會重複政府發言人和社論的聲音。這大概就是「習藝愈勤去修養愈遠」吧。

在這篇文章中，梅還反覆強調「大學之道，在明明德，在新民，在止於至善」的古訓，並反駁了「大學期間……應為通專並重」的折衷主張。他說，大學教育之所以「應在通而不在專」，應以「通識為本，而專識為末」，是出於以下一些考慮：第一，生活大於事業，事業不過是人生的一部分；第二，通識是一般生活的準備，專識是特種事業的準備；第三，從社會需要來看，也是「通才為大，而專家次之」；第四，如果讓沒有通識基礎的專家治理國家，其結果不是「新民」，而是擾民（這一點具有震聾發聵的作用）。基於以上理由，他提出專才教育，必須改革；通專並重，「窒礙難行」；「通重於專」，方為上策。（同上，第 99-109 頁）難怪有人要說，這篇文章既是梅貽琦教育思想的代表作，也是對當局「目光短淺」（朱自清語）的教育方針的公開發難。（《梅貽琦與清華大學》，第 84 頁，山西教育出版社 1995 年版）

1943 年，梅貽琦又在〈工業化的前途與人才問題〉一文中再次強調：「大學教育畢竟與其他程度的學校教育不同，他的最大的目的原在培植通才；文、理、法、工、農等等學院所要培植的是這幾個方面的通才，甚至於兩個方面以上的綜合的通才。他的最大的效用，確乎是不在養成一批一批限於一種專門學術的專家或高等匠人。」把專家貶為「高等匠人」，好像不大好聽，不過比起馮友蘭的「機器」之喻，還算客氣。梅又說：「我認為目前的大學工學院的課程大有修改的必要。就目前的課程而論，工學院所能造就的人才還夠不上真正的工程師」，更不要說培養工業方面的領袖人才了。為什麼這樣說呢？因為要養成這種人才，「於工學本身與工學所需的自然科學而外，應該旁及一大部分的人文科學與社會科學」。旁及愈多，就會使

受教育者愈博洽，愈有能力。所以「真正工業的組織人才，對於心理學、社會學、倫理學、以至於一切的人文科學、文化背景，都應該有充分的瞭解。」相比之下，「嚴格的自然科學的認識倒是比較次要」的了。清華大學素有「工程師的搖籃」之譽，但是按照梅校長的標準，許多人恐怕很難勝任。基於上述思想，梅主張「要造就通才，大學工學院必須添設有關通識的課程，而減少專攻技術的課程。」（《梅貽琦教育論著選》，第 184-185 頁）

需要指出的是，這篇文章緣起於一家報社的約稿，梅先生答應下來後，因公事太忙，無暇顧及，只好擬出提綱，請當時的教務長潘光旦代筆。為此，我們不妨看看潘先生在這方面還有什麼高見。

（二）潘光旦如是說

潘光旦字仲昂（一說號仲昂），1899 年生於上海寶山。他是1913 年考入清華學校的，1922 年畢業後赴美國留學，先後攻讀生物學、動物學、遺傳學、人類學、優生學等專業，1926 年獲哥倫比亞大學碩士學位。回國後曾在上海幾所大學任教，並參與胡適等人的新月社活動。直到 1934 年他才返回母校任社會學系教授，並兼任過系主任、教務長、秘書長、圖書館長等職。在清華大學，潘是通才教育的又一重鎮，「他的治學原則是通，而『通』的原則又歸究到人」，因此大家說他的「人文思想較他的優生學更為有名」。社會學系是清華園的一個大系，儘管系裏有人與他意見相左（比如陳達教授就主張「專一」），但是該系還是享有「通才製造所」的美稱（《清華大學史料選編》，第 4 卷，第 205 頁，清華大

學出版社 1994 年版)。通才教育又稱「自由教育」和「普通教育」，潘光旦於抗日戰爭時期寫了許多涉及思想、文化、教育、政治等方面的文章，後來收入《自由之路》一書，上述〈工業化的前途與人才問題〉也是其中一篇。

　　除此之外，書中還有許多深刻的論述。比如該書有一篇文章是討論自由、民主和教育的。文章說，自由是生命的最大目的，個人要自由，社會也要自由，「不過社會的自由終究是建築在個人自由之上」的。為什麼這樣說呢？因為在一個「百分之一是獨裁者，而百分之九十九是順民」的國家裏，要維持長治久安是不可能的。這讓我想起胡適說過的一句話，大意是：千萬不要犧牲你們個人的自由，去求國家的自由；只有爭取你們個人的自由，才是為國家爭自由！既然如此，怎樣才能獲得個人的自由呢？文章認為這正是各級學校、特別是大學教育的任務。但事實上我們的學校卻不是這樣，那些職業技術學校姑且不論，就連大學也成了造就高級匠人的場所。潘先生感慨地說：如果「舉世全是匠人，而沒有幾個通人」，那種錙銖必較、乃至同室操戈的局面就在所難免了。(《潘光旦文集》，第 5 卷，第 256-261 頁，北京大學出版社 1997 年版)

　　這話讓我想起愛因斯坦對社會達爾文主義的嚴厲批判。愛因斯坦說：「達爾文的生存競爭以及同它有關的選擇的理論，被很多人引證來作為鼓勵競爭精神的根據。有些人還以這樣的辦法試圖偽科學地證明個人競爭這種破壞性經濟鬥爭的必然性。但這是錯誤的，因為人在生存競爭中的力量全在於他是一個過著社會生活的動物。正像在一個螞蟻窩裏的個別螞蟻之間的交戰說不上什麼是為生

存所必需的，人類社會中各個成員之間的情況也是這樣。」（《愛因斯坦文集》，第 3 卷，145 頁）也就是說，在一個健康的社會，人們是有能力消解競爭、避免弱肉強食的。不幸的是如今國人仍然把競爭奉為社會生活的鐵則，這就使社會結構喪失彈性，人際關係極度緊張。近年來師生仇殺、父子相殘等曠古未聞的悲劇時有發生，通才教育的長期缺席是一個非常重要的原因。

　　愛因斯坦還說：「另一方面，我也要反對認為學校必須直接教授那些在以後生活中要直接用到的專業知識和技能這種觀點。生活所要求的東西太多種多樣了，不大可能允許學校採取這樣的專門訓練。除開這一點，我還認為應當反對把個人當作死的工具來對待。學校的目標始終應當是：青年人在離開學校時，是作為一個和諧的人，而不是作為一個專家。照我的見解，在某種意義上，即使對技術學校來說，這也是正確的，儘管技術學校的學生將要從事的是一種完全確定的專門職業。發展獨立思考和獨立判斷的一般能力，應當始終放在首位，而不應當把獲得專業知識放在首位。如果一個人掌握了他的學科的基礎理論，並且學會了獨立地思考和工作，他必定會找到他自己的道路，而且比起那種主要以獲得細節知識為其培訓內容的人來，他一定會更好地適應進步和變化。」（同上，第146-147 頁）多年來，我們總以為愛因斯坦是一位單純的物理學家，以為他是學有專長的楷模，孰不知他也是主張通才教育的。大約在1999 年秋，《中國文化報》組織了「科學與人文對話」座談會，一位科學家在會上說：由於學科分工越來越細，學科之間的交流也越來越難，所以我們的社會更需要一大批「搞科學的愛因斯坦，而不是什麼都懂的愛因斯坦。」他強調：「如果每一個學科都有自己的

愛因斯坦，每一個人都成為自己專業的愛因斯坦，我們的社會不就更美好了嗎？」這種對專業的偏執、對社會的曲解和對愛因斯坦的誤讀，不僅反映其知識的狹隘，也在一定程度上證明了教育的失敗。

話說回來，在那篇文章中，潘光旦還闡述了教育與民主的關係。他說：從教育的立場看，惟有一個民主的政治環境，才能孕育出真正自由、通達的教育；從政治的立場看，惟有自由、通達的教育，才可以造成一個真正的民主國家。可見中國政體改革舉步維艱，貪官污吏有恃無恐，社會風氣日益惡化，也是通才教育與民主政治無法形成良性互動的結果。怎麼辦，我以為就教育而言，潘先生提出的四項改革措施可資借鑒：第一要儘量減少國家對教育的干涉統制，第二要嚴格區別宣傳與教育的界線，第三要在大學增加自然科學、社會科學、尤其是人文科學等公共課程，第四要對技術教育進行修正。（《潘光旦文集》，第 5 卷，第 261-262 頁）其中又以前兩點尤其重要。縱觀這篇文章，作者把通才教育的問題與民主自由聯繫起來，是極有見地的。

書中還有一篇〈學生參加政黨問題〉的文章。該文是由錢端升教授在《今日評論》上的一篇文章引起的。潘在文章一開始就說：由於不敢（怕羅法網）、不便（怕得罪人）和不屑（渴愛自由或潛心學術），黨是多年來很少有人討論的一個話題。如今有人把這個問題訴諸筆端，讓「我不能不為黨的前途與國家民族的將來慶幸」。需要指出的是他們所討論的是國民黨，強調這一點，既可以體會到當年言論的自由度究竟有多大，也是為了避免如今不必要的誤會和麻煩。

接下來，潘對黨的本義作了分析。他說，儘管民主政治的理論認為黨是一個萬不可少的現象，但是根據先哲的遺訓和民族的經

驗，這並不是一個好字眼，也不是一種好現象。所謂「不偏不黨皇道蕩蕩」、「君子群而不黨」，以及歷代的黨禍、黨爭，都是最好的證明。我想，從字形上看，黨（党）字從尚從黑，就是基於這個道理。潘先生還說，這一理解並非中國所獨有，比如在西方，「『黨』與『偏袒』（party，partizanship）兩個字還不是同一來源麼？」正因為這樣，他主張學生不要入黨，理由是：第一，學生時代是一個人身心尚不健全，思想還在探索的階段，所以學生入黨無異於揠苗助長；何況黨派內外的排擠、傾軋和爭鬥，對學生人格的健康發展有害無益。第二，從學校管理的角度來看，「學生入黨也是一個極不相宜的舉動」，因為學校有自己的行政系統，在此之外又出現一個黨的系統，則會破壞學校管理的自主權和完整性。第三，黨與主義是互相依存的，信奉一種主義，「足以錮蔽人心，桎梏思想」，所以為國家民族的前途考慮，青年學生也不應該入黨。

在文章最後，潘先生承認青年學生對三民主義應該有充分的瞭解，但要想做到這一點，首先應該在自然科學、社會科學、哲學、歷史學等方面打下一定基礎。所謂「文法的學生應多習些自然科學，理工的學生應多習些社會科學與人文科學」，就是出於這樣的考慮。當然他也承認，在通才教育的基礎上，學生畢業後是否可以入黨，那「就讓他……自由抉擇好了。」（同上，第348-356頁）

書中還有兩篇討論教育和宣傳的文章也很精彩。1940年，潘光旦寫過〈宣傳不是教育〉一文。教育與宣傳是經常碰到的兩個概念，但是我還沒有見過如此深刻的剖析。文章說：教育與宣傳的區別，不僅是前者重在啟發，後者重在灌輸，更重要的是前者假定每個人都有智慧，而後者卻認為智慧是少數人的專利。於是這少數人

便以「改造社會、拯救人群」為旗號，以宣傳為藉口，想把大多數人納入聽話、接受、順從的地步，一次又一次「受蒙蔽、受欺騙、受利用」的悲劇由此而產生。（同上，第391-397頁）

　　文章問世後，當局似乎很不高興，昆明版的《中央日報》以〈教育家的大責重任〉為題發表社論，強調教育本身就是一種革命的宣傳工作。為此，潘光旦又寫了〈再論宣傳不是教育〉的文章。他指出：舊式教育的確有灌輸和宣傳的成份，結果是「造成了大批頑父的孝子、暴君的忠臣、庸夫的節婦」，儘管如此，古人仍然沒有忘記啟發式原則。相比之下，如今從事教育的人卻往往把教育與宣傳混為一談，其中又以平民教育和專業教育為甚。平民教育的弊病是只重識字不重選擇，於是在各種廣告家、宣傳家的誘導下，平民百姓還是很容易被蒙蔽、被欺騙、被利用。從這個角度來看，識字不如不識。至於專業教育，問題就比較複雜了。本來，專業教育是重實驗、重證據、教人懷疑的，接受專業訓練的人應該養成態度嚴謹、不肯輕信的學風。不幸的是這種訓練並沒有建立在通才教育的基礎之上，這就使專業人才一旦離開自己熟悉的領域，就連普通人應該具備的常識也沒有了（同上，第397-405頁）。不僅如此，有些專家甚至像潘在另一篇文章所譏諷的那樣，當他要對社會問題發表意見時，不是獨立思考，直抒胸臆，而是「開口閉口的讚美『大時代』，歌頌『現階段』，千方百計的想迎合『潮流』」（同上，第358頁）。這種現象，簡直是人格破產的徵兆。

　　除了〈自由之路〉外，潘光旦在1948年7月前後還寫過一篇很重要的文章，題為〈論教育的更張〉。文章說，「社會生活的一個基本條件是分工合作」，這也是專業教育的主要依據。但是我們要

問，人究竟是為了分工而存在呢，還是在此之外還有其獨特的價值呢？為了說明這個問題，他以螞蟻為例，說螞蟻的分工是一種本能，而人的發展卻有無限的可能性。假如我們教育的目的僅僅是為了讓學生像螞蟻似的，訓練他的某一種能力，那麼這個社會就會變成一個非人非「螞」的世界。

文章還說，普通教育的出發點是以每一個人為目的的，如果過早地把學生納入一個狹窄的專業範圍之內，就不僅不能顧及人的共性，還會扼殺人的個性。這樣的人只能「是一個畸形的人、零碎的人、不健全的人」。為了避免這種後果，普通教育所追求的是「共通基礎」，它與工廠所要求的「同樣標準」截然不同。前者是為了向學生提供多種多樣的可能性，後者卻是要把產品造成一模一樣的類型。文章認為，專業教育所造就的專家除了一技之長外，還有很多短處。但是不少人卻因為有一技之長，就非常自負。於是這種人越多，合作就越困難，衝突也越多，「國家的和諧康泰越不可問」。

在這篇文章中，作者還一針見血地指出：我們的教育就理工農醫而言十有九是訓練，就文法而言十有九是宣傳，就學生本身而言十有九是模仿。對於這種狀況，他有一個很深刻的比喻：馬戲班子訓練各種動物，讓它們模仿人的行為，是為了賺錢；如果我們的教師也幹起類似的勾當，那就和馬戲班的老闆差不多了。他還說，就是訓練和宣傳，也未必多多益善：腳掌上的皮繭固然能越磨越厚，但是要想讓其他地方的皮膚也磨出老繭來，恐怕下十倍的功夫也是枉然。更何況，過度的宣傳和訓練還能引起疲倦和反感，其結果很可能適得其反。（《清華大學史料選編》，第 4 卷，第 223-232 頁）

　　該文引起很大反響，吳景超教授在他主編的《新路》雜誌發表這篇文章時，還刊登著名教授吳澤霖、周先庚、樊際昌的討論，其中又以樊的意見最有啟發性。樊說：教育究竟是幫助一個人去尋求他感興趣的生活呢，還是應該由少數人按照一個空洞的理想，制定一個抽象的社會秩序，然後強迫學生就範呢？這既是潘先生提出來的一個問題，也是近代教育哲學裏的基本命題。倘若那個先決的社會秩序是人類公認的，倒也罷了；「但事實是每個國家，以及每個國家裏的每一個黨、每一個派都在提出不同而甚至互相衝突的社會秩序」。在這種情況下，假如每一種社會秩序都要強迫他們的兒童和青年去迎合、去適應，其結果只能是許多具體的活潑的個人被摧毀，被虐殺，並造成一個四分五裂的世界。寫到這裏，我彷彿看到二十世紀血戰前行的歷史，包括一場接一場的戰爭，一次又一次的政治運動，就是在那空洞理想的指導下，為建造抽象社會秩序而形成的。

　　樊先生還指出：「或有人說，一個理想的社會秩序，是人類努力的標準，是社會進步的表現。缺乏這種理想，也就不會有文明的社會。我們的答案是，這種理想必須先尊重個人的存在，必須以個人為目的而不以個人為工具。在任何以個人為工具的社會秩序裏，只有人格的被摧毀，而不會有人格的自由。又有人說，今日這種悲慘的局面的造成，不全是教育的責任，政治經濟的措施幾乎有壓倒的力量。使教育無能為力。這是推諉責任者的看法，是迷信『社會化』『制度化』等等空洞名詞者的看法。在他們眼光中，具體而囫圇的整個人格並不存在。」按照這一觀點，不論你有什麼樣的理由、特點或特色，包括歷史背景、文化傳統、民族

習慣、社會風俗、國家體制、經濟制度、國民素質、地理位置等等等等，我們的教育都應該以人為目的，否則這就不是一個「人」的社會。（同上，第 237 頁）

（三）馮友蘭如是說

上述討論是有其深刻歷史背景的。1945 年第二次世界大戰結束後，哈佛大學的教授們提出過一個報告，題為〈一個自由社會中的普通教育〉。這份報告是在反思戰爭、反思人類歷史教訓的基礎上形成的。那裏的教授們發現，多年來過分強調社會分工和專業教育，有抵消人類合作、增加社會衝突的可能，人類社會的階級鬥爭乃至法西斯戰爭由是而生。這不僅給人類社會帶來巨大破壞，也對民主自由構成極大威脅。他們認為，自由社會必須由自由的人組成，每個人都是一個完整的、有機的、自動的個體，唯有充分尊重這個事實，人們才能獲得自由。基於這一認識，他們提出自由人格的產生，有賴於普通教育的努力。為什麼這樣說呢？因為普通教育強調的是「普」、「通」二字。「普」就是普遍，「通」就是通達。不「普」，自由的人格就不會大大增加；不「通」，就無法獲得真正自由。

抗日戰爭勝利後，馮友蘭應邀去美國幾所大學講學，應該對美國學術界和教育界的這一動向比較關注。他是 1948 年上半年回國的，這正是國內戰爭打得不可開交的時候。儘管如此，清華園裏仍然是荷花藤影，弦歌不絕。大概是受那份報告的影響吧，再加上梅貽琦和潘光旦等人多年的努力，清華大學類似的呼籲也日

益高漲。到了 1948 年 2 月 20 日，也就是農曆正月十一下午 3 點，工學院的二十多位先生聚集在土木館樓上的 231 號教室，討論通才教育的問題。會議由陶葆楷院長主持，與會者有我們熟知的錢偉長、梁思成等國內第一流專家。會議認為：大學工科教育與職業教育不同，它的目的是把學生培養成「對社會及人生普通問題有相當之認識」的有理想的工程師，因此「各系專門課程應予減少」，「屬於手藝性質之訓練，應利用假期辦理」。此外，為了使工科學生有時間和精力思考各種問題，還應該「吸收人文科學與社會科學方面之訓練」。

5 月 25 日，《清華旬刊》發表署名曉宋的文章：〈嚴重的工程教育問題〉。文章首先介紹了工學院即將舉行改善課程的大討論，陶院長希望同學們要多多發表意見。與此同時，搶救教育危機委員會也發放了調查表與討論大綱，機械工程系的同學還發出呼籲，可見問題已經到了非常嚴重的地步。緊接著作者指出：去年工學院教授會已經「一致指出了過度專門的不良傾向」，但如今大家還是「被壓在繁重的功課負擔下……累得連讀報的時間也沒有，更談不到廣泛的社會科學知識的學習」了。他問道：我們的教育當局「是不是曉得糟蹋教育把青年學生當成塑膠是罪過」？文章最後希望同學們要展開徹底的討論，爭取合理的教育制度的實現。（同上，第 216-219 頁）

6 月 10 日，清華大學自治會舉辦有關教育問題的學術報告會，從美國歸來不久的馮友蘭在會上發表〈論大學教育〉的演說。馮先生 1895 年生於河南唐河，1918 年畢業於北京大學，翌年赴美國留學，1923 年獲哥倫比亞大學博士學位。他從 1928 年開始

任清華大學哲學系教授，並兼任系主任、院長、秘書長等職，直到 1952 年院系調整才被迫離開水木清華，對那裏有著特殊的貢獻和感情。

我注意到，這篇演講稿好像未被收入馮氏《三松堂全集》，蔡仲德在《馮友蘭先生年譜簡編》中也沒有提到此事，所以有必要介紹詳細一下。演講中馮先生談了兩個問題：一是大學的性質，二是教育的目的。關於前者，他說大學不是職業學校，不是宣傳機關，也不是教育部高等教育司的一個科室，而是一個傳授知識的教育部門、一個追求真理的研究單位，一個「獨立的，不受任何干涉」的專家集團。這些話看似簡單，卻包含著學術、教育要自由獨立的深義。至於後者，他認為大學教育的目的是為了培養「人」，而不是要把人訓練成工具或機器。在這方面，大學與職業學校有明顯不同。馮先生說，職業學校重在「有用」，它訓練出來的學生可能有一技之長，或者有某種「特殊機能」；但如果以為這就夠了，那麼我們的學生就會像茶杯可以盛水、板凳可以坐人似的，只能是一個「器」，而不是一個真正的人。

在這次演講中，他還對「人」是什麼、如何才能成為一個真正的「人」作了通俗易懂的解答：「所謂『人』，就是對於世界社會有他自己的認識、看法，對已往及現在的所有有價值的東西——文學、美術、音樂等都能欣賞，具備這些條件者就是一個『人』。」在此基礎上他又進一步指出，大學教育除了給人專業知識以外，還應該讓學生養成一個清楚的頭腦，一顆熱烈的心。只有這樣，他才可以對社會有所瞭解，對是非有所判斷，對有價值的東西有所欣賞，他才不至於接受現成的結論，不至於人云亦云。

　　馮先生還說，大學教育的目的之所以應以「君子不器」為準則，主要是基於以下兩個原因：第一，人類不僅僅是面臨吃飯、穿衣等「有用」的問題，也就是說除了吃飯、穿衣之外，人類還有許多其他需要；第二，許多知識和學問對於人生的作用，在短時間內是看不出來的，有些甚至永遠也看不出來。強調「有用」，其實是無知的表現。再說，許多「有用的學問已有職業學校及工廠去做了」，這就更需要我們的大學去研究那些看似無用的知識，傳授那些好像沒有出路的學問。在談論上述問題的時候，這位哲學家還不無幽默地說：按理說學校訓練出來的人一定是會做事的，然而學哲學的能做什麼具體的事情呢？「世界上有各種職業學校，就是沒有『哲學職業學校』！」（同上，第 220-223 頁）

　　值得一提的是，就在一個月以前，即清華大學三十七周年校慶之際，馮友蘭曾在〈清華的回顧與前瞻〉中說：「清華大學之成立，是中國人要求學術獨立的反映。在對日全面戰爭開始以前，清華的進步真是一日千里，對於融合中西新舊一方面，也特別成功。這就成了清華的學術傳統。」他還說：「不管政治及其他方面的變化如何，我們要繼續著這個傳統，向前邁進。」（《馮友蘭先生年譜初編》，第 324-325 頁，河南人民出版社 1994 年版）沒過多久，清華園就隨著政權的易手而發生巨變。在此期間，馮友蘭以校務會議主席的身份完成了交接任務。那時他恐怕不會想到，僅僅過了兩三年，這座具有光榮學術傳統的清華園竟變成了一所單純的工科大學，那場培養「人」還是製造「機器」的討論，也以後者佔據上風宣告結束。不知是有意還是巧合，也正是在這個時候，愛因斯坦為《紐約時報》撰文說：僅僅「用專業知識教育人是不夠的。通過專業教育，他可

以成為一種有用的機器，但是不能成為一個和諧發展的人。要使學生對價值有所理解並且產生熱烈的感情，那是最基本的。他必須獲得對美和道德上的善有鮮明的辨別力。否則，他──連同他的專業知識──就更像一隻受過很好訓練的狗，而不像一個和諧發展的人。」(《愛因斯坦文集》，第 3 卷，310 頁)儘管如此，清華大學還是義無反顧地走上了「以俄為師」的不歸路。於是，老清華的消失，包括清華傳統的淪喪和通才教育的失敗，也成了馮友蘭的一塊最大的心病。

二十世紀的中國，經歷了有史以來最多的苦難。從義和團運動、八國聯軍的入侵開始，中間經過軍閥統治、日軍侵略與可恥的內戰，一直到五十年代的政治運動、六十年代的大饑荒和文化大革命……，不知有多少家破人亡，生靈塗炭。有人說苦難使人思考，但假如面對苦難的不是「人」，而是「機器」或「工具」，是否也會有思考呢？在中國，有許多事情不用說思考，就是簡單的記憶，也有喪失的可能。早年一次又一次的政治迫害姑且不說，就說二十多年前由周恩來宣佈的在本世紀要實現四個現代化「宏偉藍圖」吧，當時不知有多少人為之激動，為之雀躍。但是到了世紀末的時候，人們早把它忘得一乾二淨，這才又有若干年以後如何如何的許諾。另外，這兩年又有人為經濟的發展而感到滿足，孰不知假如「人」的教育不能實現，「機器」的製造還在進行，老百姓還會像蜜蜂似的，雖有花蜜果腹，卻完全是為養蜂人瞎忙。

總之，當清華大學已經走過九十個年頭之後，倘若我們仍然不能認識通才教育的意義及其作用，我們就不能清除產生專制和腐敗的土壤，整個社會的人格委瑣、思想委靡和精神委頓就會不斷加

劇。長此以往，一個多世紀的世界強國之夢，也只能是遙遙無期，
不會實現。

寫於 2001 年 5 月清華大學九十校慶前夕

浙大校長竺可楨

引言：毛澤東讓他把天管起來，他說「天有不測風雲……」

今年是著名氣象學家竺可楨先生逝世三十周年。他一生的貢獻主要有兩個：一在科學領域，二在教育方面。關於前者，由於知識有限，我不敢妄加評論；但是對下面的傳聞卻印象很深。

早在 1964 年，他寫了一篇論文，通過分析陽光、溫度、降雨對糧食的影響，提出了發展農業的許多設想。毛澤東看到後非常重視，專門把竺可楨請到中南海，對他說：「你的文章寫得好啊！我們有個農業八字憲法（土、肥、水、種、密、保、工、管），只管地。你的文章管了天，彌補了八字憲法的不足。」竺可楨答道：「天有不測風雲，不大好管呢！」但毛澤東卻說：「我們兩個人分工合作，就把天地都管起來了！」（人民網《中共黨史上的八十位人物》，第五十條，轉引自《北京青年報》2001年 7 月 2 日）

第二天，遠在廣州的國家科委主任聶榮臻專門打來電話，向竺可楨瞭解毛澤東談話的重點，以便在科技工作中貫徹；中國科學院

副院長裴麗生更是詳細瞭解這次談話的經過，並在黨組內做了傳達（《竺可楨傳》第197頁，1990年版）。

　　「天有不測風雲，人有旦夕禍福。」沒想到幾年以後，這位「管天的人」也未能在文革中倖免於難。

一、蔣介石讓他把浙江大學管起來，他提出三個條件

　　竺可楨字藕舫，浙江上虞人。他1910年考取清華第二期庚款留美生，與胡適、趙元任等人赴美留學。在美國，他與任鴻雋等人創立中國科學社，並獲得哈佛大學博士學位。回國後，他先後在武昌高等師範學校（武漢大學前身）、南京高等師範學校（東南大學前身）、南開大學任教，後來擔任中央研究院氣象研究所所長，是我國現代氣象學和地理學的主要奠基人。

　　1936年初，浙江大學受「一二・九運動」影響，掀起驅逐校長郭任遠的風潮，據說當年在該校讀書的地下黨員胡喬木，是這次學潮的組織者之一（《浙江大學簡史》，第34頁，浙江大學出版社1996年版）。郭是廣東人，早年留學美國，在行為主義心理學研究上頗有成就。他被迫辭職後，陳布雷向蔣介石推薦竺可楨。蔣認可後，委託行政院秘書長、著名地質學家翁文灝去做工作。竺可楨向中央研究院院長蔡元培徵求意見，蔡認為能不去最好，「但蔣處不

能不去，婉言辭之可也。」（《竺可楨日記》第 1 冊，第 14 頁，人民出版社 1984 年版）

2 月 21 日，蔣介石在孔祥熙寓所約見竺可楨，竺推說要與蔡先生商量才能決定。他如此推託，除了怕影響研究工作外，還有三個顧慮：一是「不善侍候部長、委員長等，且不屑為之」；二是時局不寧，戰爭有一觸即發之勢；三是即便答應下來，短時間內難見成效。事後，經翁文灝、陳布雷等人反覆勸說，他才提出如果能滿足三個條件，可以考慮。這三個條件是：「財政須源源接濟；用人校長有全權，不受政黨之干涉；而時間以半年為限」（同上，第 17-18 頁）。其中第二條是教育獨立的重要前提，他敢於向當局提這樣的條件，令世人玩味，也讓後人慚愧。

這件事不知是否與竺可楨的一篇文章有關。文章的標題為〈常識之重要〉，是他在參加南京高等師範學校二十周年校慶時的演講紀錄，後來刊登在《國風月刊》第 8 卷第 1 期（1936 年 1 月 1 日）上。文章說：「大學教育之目的，在於養成一國之領導人材，一方提倡人格教育，一方研討專門智識，而尤重於鍛煉人之思想，使之正大精確，獨立不阿，遇事不為習俗所圍，不崇拜偶像，不盲從潮流，惟其能運用一己之思想，此所以曾受真正大學教育之富於常識也。」竺可楨還說，科學並不神祕，不過是有組織的常識而已；如今國事紛擾，亡國之禍迫在眉睫，完全是政府和人民缺乏常識造成的。（《竺可楨全集》，第 2 卷，第 244 頁，上海科技教育出版社 2004 年版）事實證明，竺可楨就是抱著這樣一種理念走馬上任的。

二、還未上任，就把「教授治校」當作主要
　　目標

　　經過一番準備，竺可楨於 4 月 25 日正式來到浙江大學。完成交接手續後，他先與教職員工座談，然後到體育館與學生見面並發表講話。他說：「一個學校實施教育的要素，最重要的不外乎教授的人選，圖書儀器等設備和校舍建築。這三者之中，教授人才的充實，最為重要。」為什麼這樣說呢？因為「教授是大學的靈魂，一個大學學風的優劣，全視教授人選為轉移。假使大學裏有許多教授，以研究學問為畢生事業，以作育後進為無上職責，自然會養成良好的學風，不斷的培植出來博學敦行的學者。」（同上，第 334 頁）

　　在竺可楨看來，所謂教授並不是一個頭銜、一個職稱、一種待遇，也不是一種向上爬階梯；教授是一群「以研究學問為畢生事業，以作育後進為無上職責」人們。拿這個標準來衡量，可以看出如今的教授差距何在，現在的學風為什麼敗壞。

　　為了充實教授隊伍，竺可楨多次拜訪邵裴之、馬一浮等學界前輩，聘請胡剛復、梅光迪、張蔭麟、王淦昌、王璡、盧守耕、周承佑等三十多位著名學者前來任教，啟用一批深孚眾望的學者擔任院長、系主任等職務。他這樣做，完全是為了實現「教授治校」的目標。這一點，從他的日記可以看出。

　　竺可楨出任浙江大學校長已成定局後，該校工學院院長朱一成前來拜訪。交談中竺可楨表示他一貫主張教授治校，但是朱一

成卻不以為然。竺堅持說：「余以為此乃一種目標，第一步在首先覓得一群志同道合之教授也。」（《竺可楨日記》第一冊，第 26 頁）可見竺可楨的上述講話，也是在為這個目標做鋪墊。至於朱一成，著名科學家吳有訓對竺可楨說：此人不走，「必貽後患」。竺還聽說，朱某人只領薪水卻不上課，因此他決定「徹查此事」（同上，第 29 頁）。

　　如果說教授應該以研究學問為畢生事業，以教書育人為無上職責的話，那麼學生又應該如何努力呢？在這次講話中，竺可楨對大學生的人格培養提出具體要求。他說：「我們受高等教育的人，必須有明辨是非，靜觀得失，縝密思慮，不肯盲從的習慣。」有了這種習慣，才不會害己累人，才能不負所學。（《竺可楨全集》，第 2 卷，第 337 頁）

　　但是，如何才能養成這種習慣呢？竺可楨說：大學教育的目的，應該讓學生掌握學習的方法，開闢求知的途徑，並通過研究學問來培養他們的反省意識和批判精神。只有這樣，大學生才有能力對社會和自然進行精細的觀察、慎重的考量，才不會被傳統觀念束縛，不會被少數人利用。但是，如今的大學卻往往以傳授知識為主，使學生喪失了獨立思考的能力。正因為如此，他認為「半年來的學生運動，固然熱情可佩（少數另有作用者是另一問題），但其方式之無當，實為可憐。」講話結束時，他滿懷期望地說：大家既然接受了高等教育，就不應該盲從；只有獨立思考，才能應付艱難危險的環境。只要能做到這一點，「十年廿年以後的諸君，都可成為社會的中堅分子，而中國今後正是最需要頭腦清楚善用思想的人物」。（同上，338 頁）

三、在就職典禮上，嚴厲批評只「教」不「訓」的教育制度

　　1936 年 5 月 18 日，已經上任的竺可楨補行就職典禮。典禮於上午十點半開始，先是新校長宣誓，其中有「決不妄費一錢，妄用一人，並決不營私舞弊，及接受賄賂」等內容；接著是監誓員蔣夢麟致詞和來賓講話；最後是新校長致答詞。

　　在答詞中，竺可楨首先根據浙江的歷史對大家說，在此國難當頭之際，我們應該學習越王勾踐「十年生聚、十年教訓」的經驗，既要「教」，又要「訓」。但是現行的教育制度卻只重「教」而不重「訓」，許多教師上完課以後就再也不和學生見面了。這種只注重知識傳授不重視人格薰陶的「教」而不「訓」的教育制度，應該儘快改變。

　　緊接著他指出，如今的大學即使在「教」的方面也有很多問題：

　　第一是重視學分，忽視了導師。學分制的弊病在於教師與學生很少接觸，學生只要讀滿學分就可以畢業。但是導師制卻為學生接受教授的薰陶提供了保證，這對學生人格的形成非常重要。

　　第二是重視就業，忽視了學業。他說，大學生畢業即失業，與學校閉門造車有關。要解決這個問題，不但要改進大學管理，還要明確大學培養的目標。他引用美國著名學者羅威爾的話說：「大學的目的，不在乎使大學生能賺得麵包，而在乎使他吃起麵包來滋味能夠特別好」。基於這個道理，他強調大學是培養領袖人材的地方，大學生學成後不僅要自己有飯吃，還要讓大家有飯吃。說到這裏他

解釋道：「大家有飯吃」與「有飯大家吃」不一樣，前者是生產教育制度，後者是分贓制度。由此可見，如果大學生只重視就業而忽視學業，就很可能墮落為分贓制度中的一員。

強調獨立思考，注重人格修養，培養領袖人材，是竺可楨一以貫之的教育理念。抗日戰爭爆發後，竺可楨率領浙大師生到天目山禪源寺避難。剛到這裏，正好是星期日，他看到師生們一群一夥地外出散步，感到這裏真是實行「導師制之理想地點」（《竺可楨日記》，第 1 冊，第 157 頁）。第二天，他對一年級新生發表談話時說：白廢科舉辦學校以來，我國教育在設備和師資方面，不能不算有進步，但是有個最大缺點，就是學校並沒有照顧到學生品格的修養。這樣一來，教師就把傳授知識當作唯一任務，有的甚至「以授課為營業」。為了糾正這種傾向，浙大在全國率先實行了導師制。如今，我們雖然被迫離開校園，但是全校師生能在這裏「融融一堂，通力合作」，卻是可喜的事情。他還告訴大家，國家每年給你們花很多錢，為的是培養社會的棟樑，時代的砥柱，而不是讓你們僅僅學習一點技術，為自己謀生找出路。這些話至今仍有深刻的警世作用。

四、為了讓學生具有清醒的頭腦，他主張實行通才教育

現代社會的分工越來越細，專業設置也越來越多，因此大學究竟是重視理論還是重視實用，是培養專才還是培養通才，

就成了現代教育制度面臨的主要問題。浙江大學由求是學堂、浙江中等工業學堂和中等農業學堂演變而來，對實用技術教育非常重視；再加上無論是大清王朝、北洋政府還是國民黨統治，都把實用技術教育放在首位，因此要想改變這一傳統，非常困難。然而竺可楨知道，如果僅僅是學習一種專業，掌握一門技術，就不會擁有清醒的頭腦，也不會融會貫通，最後的結果是難成大器！因此他上任伊始，就把推行通才教育放在首要位置。

1936 年 5 月 9 日，竺可楨主持第一次校務會議時就提出要設立中國文學系、史地系和一年級不分系等議案。最後一項議案雖然討論最久，但還是成立以鄭曉滄、胡剛復、蘇步青等人為首的公共科目分配委員會，將通才教育列入重要議事日程。前些年蘇步青擔任復旦大學校長時還說：「如果允許復旦大學單獨招生，我的意見是第一堂先考語文，考後就判卷子。不合格的，以下的功課就不考了。語文你都不行，別的是學不通的。」（《學林散葉》，第 250 頁，上海人民出版社 1997 年版）作為數學家，他能夠說這樣的話，顯然與竺可楨當年的主張有關。

1936 年 9 月，是竺可楨上任後的第一個新學年，也是他的母校哈佛大學建校三百周年紀念。17 日晚上，他在哈佛大學同學會上發言說，哈佛大學的辦學方針可以概括為兩點：一是主張思想自由，反對政黨和教會干涉；二是學校的課程應該更重視理論，而不是只注重實用。他強調，這兩點主張與英國大學基本一致，但是德國、義大利、蘇聯卻與此大相徑庭。（《竺可楨全集》，第 2 卷，第 371 頁）

　　第二天，他在新建成的教學樓出席新生談話會，進一步闡述了這一思想。他告訴大家：大學生是人生最快活的時期，沒有經濟負擔，也沒有謀生的問題，因此大家除了誠實做人、勤懇求學之外，最要緊的是要有一個清醒的頭腦，這比單純掌握一門實用技術更重要。他甚至說：「我們國家到這步田地，完全靠頭腦清醒的人才有救。」（同上，第 371 頁）

　　抗日戰爭中，竺可楨帶領浙江大學師生經江西、廣西最後到達遵義，途中他的夫人張俠魂因病去世，其艱難困苦可想而知。儘管如此，他始終以通才教育為主，把浙大辦成了具有國際影響的一流大學，正因為如此，當時來訪的李約瑟博士才把浙江大學譽為「東方的劍橋」。

　　抗日戰爭勝利後，竺可楨注意到美國教育界在反思戰爭教訓的基礎上，重新認識通才教育的意義。他讀了著名教育家紐曼《論大學教育範圍與性質》後感受很深，立刻為《大公報》撰寫〈我國大學教育之前途〉一文，再次提出通才教育等問題，希望糾正多年來形成的重理輕文、重技術輕理論以及在學生中瀰漫的「謀生不謀道」的壞風氣（《竺可楨全集》，第 2 卷，第 640 頁）。不久，他好像從費正清夫人費慰梅那裏得到哈佛大學關於通才教育的報告，其中講到通才教育的目的，在於使民主國家的國民能夠對選舉和擇業有清醒的認識，以及通才教育雖然「不能使人成為良醫、大律師，但能使人與醫師、律師接談以後，知其良誘」（《竺可楨日記》第二冊，第 888 頁）。這就進一步加固了他堅持通才教育的信念。第二年 10 月，他參加中央研究院二屆三次評議會時，聽到陳立夫感歎科學研究的困境，

認為這是「自食其果」，與他「當教育部長（時），竭力提倡實科」（同上，第 975 頁）有關。

尾聲：奮鬥十三年，黯然離去

前面說過，當初竺可楨上任時提出只幹半年，沒想到卻整整幹了十三年。需要特別指出的是，這十三年包括艱苦卓絕的八年抗戰，而這八年又是浙江大學歷史上收穫最大、成果最多的時候。浙大百年校慶時，蘇步青回顧這段歷史，曾經頗為感慨地說：當年「師生們住古廟破祠，吃紅薯乾，點桐油燈，百結鶉衣。但為愛國而教，為救國而學，弦歌不絕，其精神、氣節，遠遠超過『賢者回也』！古人云：『多難興邦』。多難不僅興邦，多難也興學育才。」（《數與詩的交融》，第 121-122 頁，百花文藝出版社 2000 年版）這不但是對浙大師生的讚揚，也是對竺可楨校長的肯定。不幸的是，抗日戰爭結束後，浙江大學卻因為內戰和學潮陷入不可收拾的混亂局面。到了 1949 年 4 月底，竺可楨不得不獨自一人悄悄出走，離開這所奮鬥十三年的學校……

蘇步青還回憶說：又過了幾年，浙江大學在院系調整中被「一分為四」，使這所「名馳海內外」的學校「頓失光彩」，他自己和數學系也被「請出去了」（同上，第 123-124 頁）。正因為如此，他說竺可楨「與蔡元培先生一樣，是我國近代教育史上偉大的校長」（同上，第 203 頁），真是恰如其分。

附錄：竺可楨論科學精神

　　前幾年翻閱竺可楨日記，曾注意到他在主持浙江大學時，特別重視人文教育。這有些出乎我的意料。竺先生是著名的氣象學家，倘若他以校長身份向學生強調科學技術的重要，並推行專才教育，也是無可非議的事，可他卻沒有這樣。為什麼呢？因為在他看來，學得一技一能固然不錯，但「養成一個清醒的頭腦」更為重要，否則就容易淪為會說話的奴隸，任人驅使的工具。這對於那些把教育理解為單純是傳授知識技能的人來說，不啻於當頭棒喝；對於那些只要學到一技之長便心意足的人來說，也是很好的規勸。為此，我曾經撰文作過介紹。當然，由於是日記，想要比較集中地看看竺氏對這個問題的思考，也不容易；再加上《竺可楨日記》在整理出版時刪節過多，難免給人留下一些遺憾。

　　最近看到在浙江文藝出版社出版的《大科學家文叢》中，收有《竺可楨文錄》，便毫不猶豫地買了一本。該書分「科學與社會」、「大學與人」、「史海尋蹤」、「人與自然」和「詩文雜談」等五個部分。「科學與社會」收集了作者從 1921 年到 1950 的九篇文章，其中給我印象最深的是〈利害與是非〉那篇兩千來字的論文。文章說，中國人總是以為只要引進西方的科學技術，我們的國家就有救了，孰不知古人早有南橘北枳的教訓。所以，要想讓先進的科學技術在中國生根發芽開花結果，首先應該培養一種「只問是非，不計利害」

的科學精神。「有了這種科學的精神，然後才能夠有科學的存在」；否則，即使把科學之花移植過來，也不會產生很好的結果。

那麼，如何才能具備「只問是非，不計利害」的科學精神呢？該書第二部分對這個問題作了回答。書中說：「現在大學教育，注重各種專門知識之傳授，而忽略品性德行之陶冶」；這不僅不利於科學精神的形成，而且還會導致「社會道德與政治風氣之敗壞」。有鑑於此，竺可楨一方面倡導人文知識和科學知識並重的通才教育，一方面主張在大學應該推行導師制。與此同時，他還經常告誡自己的學生，千萬不要有做大官賺大錢的想法，否則就有變成貪官污吏的可能。這就是「只問是非，不計利害」的科學精神。用這些標準來衡量，我不知道在如今的大學校園裏，還有多少為了學問而不顧職稱、不計利害的教授，又有多少為了學業而不想作官、不想賺錢的學生？

此外，針對人們總是把上大學和找工作聯繫起來的糊塗觀念，竺可楨引用一位美國學者的話說：我們辦「大學的目的，不在乎使大學生能賺得麵包，而在乎使他們吃起麵包來滋味能夠特別好。」這就是說，大學教育不應該把人變成賺錢的機器，而應該讓學生懂得怎樣做人，怎樣生活。在此基礎上，他又進一步指出：「大學教育的目標，決不僅是造就多少專家如工程師醫生之類，而尤在乎養成公忠堅毅，能擔當大任，主持風會，轉移國運的領導人才。」所有這些，都是立足於這樣一個觀念：「專精一門技術的人，頭腦未必清楚。反之，頭腦清楚，做學問辦事業統行」。這說法來自一位大師級的氣象學專家，具有很強的說服力。

　　竺可楨深知，要想達到上述大學教育的目標，必須有一個寬鬆自由的教育環境。所以他在 1936 年哈佛大學建校三百周年之際，特意介紹了該校校長康諾德的辦學方針：「第一，主張學校思想之自由，……反對政黨和教會干涉學校行政與教授個人的主張；第二，學校所研究的課目，不能全注重於實用，理論科學應給予以充分發展之機會。」顯而易見，這與竺可楨的教育思想不謀而合。

　　盧嘉錫在這套書的總序中說：現代教育的一個主要思路，就是要摒棄那種專業劃分過窄、知識分割過細的做法，強調綜合性和整體性的素質教育。至於為什麼要這樣，我們可以從《竺可楨文錄》中找到答案。因此我以為，竺可楨和他們那一代自由知識份子的人格理想和事業追求，對於今天來說，是不可多得的思想遺產和歷史資源。

任鴻雋與四川大學

　　前幾年，我在《南方週末》發表〈任鴻雋的科學救國夢〉。該文引言介紹說：「任鴻雋（1886-1961）是我國最早的科學雜誌──《科學》月刊的發起人，也是我國最早的綜合性學術團體──『中國科學社』的領導人。作為中國現代科學事業的倡導者和組織者，他領導的科學救國運動與胡適發動的白話文運動，被譽為五四以來兩個重大的文化革新運動。縱觀其一生，他始終為科學救國奔走呼號，熱情地介紹科學起源、科學精神和科學方法。如今大半個世紀過去了，瞭解一下他那鮮為人知的思想和經歷，會給我們很多啟示……」（參見拙著《胡適和他的朋友們》，第 1 頁，雲南人民出版社 2004 年出版）。當時因資料不足，篇幅有限，對任鴻雋的教育思想以及他在四川大學擔任校長的經歷言之不詳，留下遺憾。如今我在 1985 年出版的《四川大學史稿》和《任以都先生訪問記錄》中又看到一些任鴻雋的材料，再結合任鴻雋有關著述，覺得任鴻雋的教育思想和教育實踐，對於當前的教育改革也有很大啟示。需要說明的是，《任以都先生訪問記錄》是該書的「記錄」、台灣學者潘光哲先生所贈，在這裏順致謝忱。

一、任鴻雋的科學思想與教育主張

　　任鴻雋字叔永，原籍浙江歸安（今吳興），出生於四川墊江（今屬重慶）。他從小勤奮好學，曾在 1904 年最後一次科舉考試中考取秀才。廢除科舉後，他順江而下去了上海，進入中國公學深造。中國公學是由當年被迫回國的留日學生創辦的，其中有不少革命黨人。任鴻雋入校後與該校學生胡適、朱經農等人建立了深厚的友誼。後來他東渡日本求學，加入同盟會並擔任四川分會會長。求學期間，他除了旁聽章太炎先生的國學講座外，還考入東京高等工業學校專攻應用化學。

　　辛亥革命爆發後，任鴻雋立刻回國，擔任了總統府秘書處秘書，為孫中山起草文稿並協助處理政務。袁世凱上臺後，他去北京政府當過秘書，但由於厭惡官場生活，再加上學業未竟，又以「稽勳生」（對革命有功的學生）的身份赴美國留學。初到美國，他進入康乃耳大學文理學院，在感受兩種不同社會制度的同時，也認識到科學的真諦。

　　任鴻雋對科學的理解和闡釋與教育密切相關，其中有幾點特別值得注意。

　　第一是科學的起源。許多人認為，學習科學知識就是為了報效祖國、振興中華，但是任鴻雋卻不以為然。他說：近代中國落後的原因，固然是因為沒有科學，但是卻不能把科學與這類功利性目的聯繫在一起。因為真正的科學家，比如阿基米德、伽利略、哥白尼

等人，就不是為名利驅使，而是為好奇心引誘，這也是科學首先出現在西方的主要原因。相反，如果僅僅是為了外在的功利目的而不是為了內心求知的需要，科學是不會產生、也不會健康發展的。這些論述提醒我們：如果只想把科學當作一種富國強兵的手段，或者是改善生活的工具；如果只想從物質文明方面追趕西方，卻又不曉得科學的起源和科學的真諦，其結果只能是像洋務派一樣，陷入捨本逐末的老路。正因為如此，他認為當年自己為了革命、為了製造炸彈而選擇化學專業也是錯誤的。也就是說，如果我們的教育不注意培養學生的求知欲和好奇心，他們長大後就不會有研究科學的內在動力，也不會把科學引向健康之路。

第二是科學精神。任鴻雋說，所謂科學精神，完全是為了追求真理而已，即使赴湯蹈火也在所不辭。他希望科學研究和科學教育要「把事實放在思想構造的第一位，（至於）那些主義和理論，只放在第二位，或竟不管他。」著名科學家竺可楨也把科學精神概括為「只問是非，不計利害」。他說，要想在科學上有所成就，就必須有「不盲從、不附和、不武斷、不蠻橫、不苟且、不無病呻吟的科學態度」。這正是我們的教育最需要、也是當今社會最缺乏的東西。

第三是科學的功用。長期以來，許多人都把學科學、學技術當作撈取功名利祿的一塊敲門磚，至於個人的興趣、愛好，特別是那可貴的求知欲和好奇心，則根本不顧。任鴻雋說他們是「為利而學」，而不是「為學而學」。這種狀況是中國科學事業舉步艱難、發展緩慢的原因所在。另外，任鴻雋還反對把科學與技術混為一談。他指出，人類物質生活的改善和技術的進步，不是科學家的最初動

機，而是科學研究的必然結果。如果只重技術而不重科學，就會重複洋務運動的老路。後來，任鴻雋看到許多學生把經濟學、商學和應用科學當作熱門專業，而純粹的基礎科學卻幾乎無人問津，便感到我國科學面臨著重大危機。他告誡大家：人不能單靠麵包而生活，如果在物質生活之外不能發現高層次的精神活動，人生還有什麼意義？他還指出，純理論研究最需要保持心靈的自由，它不應該受到干涉，應該享受特別保護。

第四是科學與教育。任鴻雋對教育問題特別關注。他認為人生最大的痛苦，莫過於強迫他學習不感興趣的專業，從事不感興趣的工作。他非常贊成長期在中國工作的外籍科學家葛利普先生的觀點：一個人選擇某個專業不是為了謀生，而是因為他喜歡這種工作。也就是說，一個人要想獲得成功，必須熱愛他所從事的專業。他還指出，中國的「學術死亡率」高達百分之九十九以上，是因為許多人在大學畢業後放棄了研究工作，這是一種很大的浪費。任鴻雋指出，一個人獲得博士碩士學位，並不算真有學問；只有經過十年二十年艱苦努力，才能躋身於學者行列。他強調：大學教師的職責不是販賣知識，而是要培養學生的研究興趣，要讓他們明白科學研究的目的不在於物質享受，而在於精神滿足。這是一種高尚的刺激和智識的愉快，大學生只有懂得這個道理，養成研究習慣，才能對人類有所貢獻。為此，大學教師必須在獨立研究中，對科學原理和科學精神具有深切的瞭解和體會，才能在思想和人格上對學生產生好影響。他還說，真正的科學是獨立的，不依附於任何主義的，把科學和物質文明等同起來，或者「罵科學是帝國主義的」，都是不明白科學的真諦。

　　第五是教育與獨立。1932 年胡適創辦《獨立評論》，任鴻雋夫婦參與其事，並寫了不少文章。其中任鴻雋那兩篇批評國民黨「黨化教育」的文章值得注意。文章說：「一個理想中有教育的人，在智慧方面，至少的限度，必須對事理有正確圓滿的瞭解，對於行事有獨立自信的精神。要養成這樣的人格，第一的需要，是智識上的好奇心。有了智識上的好奇心，方能對於各種的問題或事務，加以獨立的研究。研究所得的結果，才是我們信仰的根據。這種教育的方法，在黨的立場看來，是最危險的。他們的信仰，是早經確定了的；他們的問題，是怎麼的擁護這個信仰。因為要擁護信仰，所以不能有自由的討論與研究；因為不能有自由的討論與研究，所以不能有智識上的好奇心。這個情形，恰恰與十七世紀初年，歐洲宗教的專制思想相類。」因此他認為：「有了『黨化』，必定是沒了『教育』；反過來說，要有『教育』，必定要除去『黨化』」（《獨立評論》，第 3 號，第 13-14 頁）。

二、國立四川大學的艱難誕生

　　任鴻雋 1918 年回國後，擔任過北京大學教授、教育部專門教育司司長、商務印書館編輯、東南大學副校長、中華教育文化基金董事會幹事長等職務。直到 1935 年他擔任四川大學校長後，才有機會為家鄉服務。

　　四川古稱巴蜀，其教育傳統至少可以追溯到漢景帝時代。當時蜀郡太守文翁在成都辦學育人，使「文翁之教」成為千古流傳的佳

話。到了清朝康熙年間，四川成立錦江書院，為當地最高學府。同治年間，張之洞主持四川學政，認為該書院以八股文為敲門磚，不符合時代要求，又創辦尊經書院，鼓勵學生專攻經史，從學問的根本入手，培養良好學風。此外，該書院還以「中學為體，西學為用」的方針，計畫開設天文、地理、算學、格致等課程。但由於風氣未開，條件有限，未能實現。

1901 年清政府開始推行新政，並於第二年頒佈《欽定學堂章程》。當時的四川總督奎俊將錦江書院和尊經書院合併，按照京師大學堂模式成立四川通省大學堂，成為四川近代第一所綜合性高等學校。不久，清政府規定「大學堂」是全國最高學府，其他學堂不能使用這個名稱，該校又改名四川省城高等學堂，這就是四川大學的前身。

新政期間，新式學堂紛紛成立，迫切需要大量師資，四川通省師範學堂於 1905 年成立。隨後，廢科舉重實學的潮流席捲全國，四川又成立了法政學堂、藏文學堂、通省農政學堂、工業學堂和存古學堂。這「五大學堂」後來演變成公立四川大學的法政學院、外國文學院、農科學院、工科學院和中國文學院，最後都成為國立四川大學的一部分。

辛亥革命後，中央臨時教育會議於 1912 的召開。為了糾正大學過濫的狀況，會上決定全國只設立三所大學，其他高等學堂必須取消。於是四川高等學校（原四川高等學堂）在 1916 年送走最後一批學生後被迫停辦。該校停辦後，國立成都高等師範學校接收它的許多教師，也擴大了招生人數。到 1919 年五四運動前夕，成都高師搬入新校址，成為四川全省規模最大的高等學校。與此同時，

五大專門學堂也有長足發展，有的學校還培養出一些人材，比如巴金就是四川外國語專門學校的學生。

在此期間，四川各界要求辦大學的呼聲很高。1919 年任鴻雋留學歸來後，曾向省長楊庶堪建議，應該仿效美國州立大學模式，辦一所四川大學。楊省長採納這個建議，向省議會提出諮文，省議會討論通過。但由於政局動盪，軍閥們不願意出錢，該議案未能實現。1922 年，全川教育教育在成都召開，任鴻雋再次提出這個問題，並要求在全省教育專款的肉稅專案中，每年撥出四、五十萬元作為籌辦四川大學的經費。這個意見經大會表決通過，送省長劉成勳執行。但是全省肉稅被各防區軍閥分割，籌辦四川大學的還是被擱淺。就在這一年，後來成為「延安五老」之一的吳玉章擔任成都高師校長。「他辦成都高師，首先是為了培養革命人才，『推進新思潮的擴展』，以啟發學生『走俄國人的路』，力圖以馬克思主義教育師生。」（《四川大學史稿》，第 95 頁，四川大學出版社 1985 年出版）因此後來發生的許多事情，應該說與此有關。

1924 年春，楊森打敗熊克武，獨攬四川軍政大權。曾經留學美國的傅振烈接替吳玉章擔任成都高師校長後，重提在四川辦大學的舊案。他認為只有像南京、瀋陽、武昌、廣東等地那樣，把高等師範學校升格為大學，這件事才有進展，辦學經費才有著落。傅振烈計畫受到楊森的大力支持，並以成都高師名義向教育部呈報改辦大學和招收預科生的章程。這一年暑假，成都高師招收第一批大學預科學生一百四十三人。第二年，成都大學正式掛牌成立。這本來是件好事，卻遭到一些高師師生的反對，他們主張要改大學也只能改師範大學，意思是他們也要享受大學的名分。由於傅振堅持要辦綜

合大學，並受到第一屆預科生和全社會的支持，這所新生的大學才沒有垮掉。正在這時，支持傅振烈的楊森因戰敗下臺，由劉湘接替他的職務。有幸的是劉也一直希望四川能辦一所國立大學，於是他改聘張瀾為成都大學校長，並在四川善後會議上使用被稱為「鹽餘」的稅款解決了該校的經費問題。至此，四川才有了第一所綜合大學。

　　成都大學雖然成立了，但因為與成都高師共處一校，引發不少糾紛，學生之間也衝突不斷。1926 年，參加四川中學校長會議的眾多校長聯名致函省長公署，要求將高師改為師大，沒有成功。第二年高師再次提出這個問題，剛剛誕生的南京國民政府批准國立成都師範大學成立。正在這時，全國範圍內有一股成立單科大學之風，五大專門學校也趁機合併，成立了公立四川大學。公立四川大學成立後，還與成都大學發生了爭奪原四川高等學校校址的糾紛，經省長公署仲裁，成都大學於 1929 年遷入原四川高等學校舊址，才解決了這些矛盾。

　　如此一來，四川高等教育呈三足鼎立之勢。其中成都大學經費充足，教師陣容強大，在三所大學中最具實力。相比之下，成都師範大學因為成都大學的分離而元氣大傷，再加上經費和師資等問題，到 1930 年幾乎陷於停頓狀態。公立四川大學成立後，五大專門學校不僅沒有融為一體，而且人均經費僅僅是成都大學的七分之一左右（1930 年《全國高等學校統計》，轉引自《四川大學史稿》，第 140 頁）。在這種情況下，該校人事變動頻繁、專任教師太少、圖書設備缺乏等問題，就很難解決。

　　1931 年 5 月，四川省政府主席劉文輝在訓令中指出：三所大學自「成立以來，數載於茲，別戶分門，疊床架屋」，應該予以

整頓。10 月，劉文輝召集會議，宣佈由他擔任委員長的四川省政府整理大學委員會成立，並提出合併三所大學的具體安排。經過一番討價還價，各方面矛盾得以化解，直到 1931 年 11 月 9 日，三所大學完成交接任務，包括四院十一系的國立四川大學才正式成立。

三、任鴻雋的改革措施及其成效

四川大學成立後，校務由省政府整理大學委員會代行，1932 年 2 月，經張瀾推薦，國民政府任命王兆榮為該校首任校長。王上任後，為提高教育質量和學術水平做了不懈努力，但因經費等問題不易解決，使他心力交瘁，最終於 1935 年 8 月辭職。隨後，國民政府任命任鴻雋為四川大學校長，並要求他儘快到校處理校務。9 月初，任鴻雋飛抵成都正式上任。同年 12 月，他把家搬到成都，只把上中學的大女兒任以都留在北平。

早在 1928 年國民政府就任命任鴻雋為四川省政府委員兼教育廳廳長，他沒有就任。1931 年，他回四川考察成都大學，希望四川的文化能與世界潮流並駕齊驅。這次出任四川大學校長，用他的話來說，是因為國難當頭，「乃不得不奉命馳驅」（《科學救國之夢——任鴻雋文存》，第 687 頁）。當時的四川在蔣介石的策劃和劉湘的經營下，為了阻止紅軍西進或北上，取消了原來的防區制，並決定軍費由中央直接劃撥，從而使學校經費有了保證。因此任鴻雋在 1935 年 5 月向記者說：「『國立四川大學在西南方面極為重要，徹

底整頓，數年來即有此計畫，亦實有此必要。惟以往四川政局不定，整頓計畫殊難實現。」現在，防區制打破，整頓川大計畫乃趨於實現。」對於任鴻雋的到來，當地輿論也好評如潮，認為任鴻雋是我國學術界少有的人才，他入主川大，是四川教育界的福音，也會給四川文化帶來轉機。

上任後他明確提出四川大學的兩大目標和三大使命。兩大目標是實現「現代化」和「國立化」，三大使命是輸入世界知識、建設西南文化中心、擔負民族復興責任。這一切，都是為了「把川大辦成一座規模宏大、師資設備齊全、有國內第一流學術水平的綜合大學。」與此同時，他還把學費從二十元降到十二元，以減輕學生負擔。因此當報紙認為，新校長「是深得從前蔡孑民先生辦北大時的遺風」。(《四川大學史稿》，第 178-180 頁)

與梅貽琦等人一樣，任鴻雋也認為大學的好壞不在於有沒有大樓，而在於有沒有大師。因此他一上任就把聘請著名學者當作頭等大事。他認為原來的教師隊伍有兩個問題：一是川籍教授太多，有近親繁殖的危害；二是有些教授思想陳舊，方法不當。因此他宣佈重新發放聘書，沒有得到聘書的可以另謀出路。與此同時，他四處聘請著名學者前來任教。

1936 年 9 月，任鴻雋在開學典禮上說，經過一年努力，學校在以下三個方面發生變化：

第一是學生人數大大增加，學生人數由原來的四百多人已經增加到六百多。新生中外省人比例很大，這種作法與國外大學招收外籍學生一樣，有利於大家開闊視野，交流思想，增進友誼，也與「國立化」目標完全一致。

　　第二是新聘一批教授，其中有擔任過廈門大學副校長和北京大學教授的著名哲學家張頤，有研究西南民族語言的聞宥，有分別在南開大學、山東大學中文系任教的戴家祥和蕭滌非，有剛從英國歸來的外文系教授鍾作猷，史學教授范祖淹、教育學家張敷榮和剛從美國歸來的心理學家劉紹禹，有在中央研究院擔任過化學研究所所長的王季梁，有在北大任教多年的光學專家張宗蠡，有在比利時研究法學的劉雅聲，有在浙江大學森林系任教的程復新，還有曾在清華大學任教、最近剛從美國歸來的體育系教授黃中孚……。前後來川大的還有曾經擔任中央大學圖書館主任的杜質柏，曾在南開大學中文系任教的劉大杰，著名生物學家錢崇澍等數十人，這些人均為一時之選。據當年曾在這裏就讀的著名學者王利器回憶：「那時的四川大學很注意教師陣容，盡力網絡有真才實學的名家學者來校執教，學校辦得很有生氣，一時蔚為蜀學中心。」（同上，第 183 頁）

　　第三是校舍和教學方面有所變化。在校舍方面，任鴻雋經過調查草擬了一個三年計畫，要求中央和地方政府每年撥出三十萬元，先建一座大型圖書館，再將原校址皇城改建成一個大學城。在這個開學典禮上，任校長說雖然經費等問題還需要進一步商討，但校舍改建的籌備工作已經就緒，馬上就可以動工。1937 年 4 月，任鴻雋再三權衡，最後決定將校址定在望江樓附近。不久，新校舍破土動工，後人稱這一決策很有遠見（《四川大學史稿》，第 199 頁）。在教學方面，任鴻雋認為課程標準必須注意兩個原則：一要注意打好基礎，「即在第一二年級，必須將中國文、外國文，及普通科學修讀完畢，到三四年級時然後學習專門功課，免致好高騖遠，一無所成。」二要注重培養學生自學研究的能力。他提出「本學期為免

除教學上灌注式的弊病起見，除少數特別情形外，所有講義決定完全廢除。要大學多讀書，多動手筆記，以養成自動的探討研求的精神。」(《科學救國之夢》，第 545 頁)

任鴻雋非常注重理論聯繫實際。他說：「學政法的，我們可以使他們去研究地方政治，或縣政實施，學經濟的，可以叫他們去調查商業狀況和農村經濟，學農的可以叫他們去改良農作種籽，學物理化學的，可以叫他們調查及改良土壤」(《國立四川大學週刊》，第 4 卷第 2 期，轉引自《四川大學史稿》，第 187 頁)。在他的主持下，四川大學在這方面進步很大。以農學院為例，該院師生深入田間地頭，在開展雙季稻栽培試驗、引進優良品種、調查柑橘生產和其他農業資源、改進植棉技術和植樹造林等方面，都做出許多顯著成績。更重要的是，這些活動激發了學生的研究興趣，他們主動成立各種研究會探討學問，從而大大增強了學術空氣，豐富了校園生活。據說「從 1935 年到 1936 年下（半）年，除王兆榮時期已成立的研究會外，新成立的研究會有英文研究會、史學研究會、戲劇研究會、音樂研究會、演說辯論會（分國語和英語）、獎勵論文會、法律學會、體育研究會、經濟研究會、國學研究會、經濟地理研究會、政治學會、數學研究會、物理學會、化學研究會、生物學會、農學研究會、園藝學會、植物病蟲害學會、蠶桑學會、農業經濟學會、農業教育學會、社會問題研究會、青年問題研究會、婦女問題研究會、青年寫作協會川大分會、新聞學會、歌詠戲劇社、繪畫研究會等。許多學會的學術活動搞得十分出色，成績卓著。」(同上，第 191 頁) 這就是任鴻雋「現代化」目標的具體內容。可見他不是把理論聯繫實際當作一個為我所用的口號，更沒有把它可以當作一種整人手段。

四、任鴻雋的辭職與晚年遭遇

　　任鴻雋銳意革新，有目共睹，成就很大，因此獲得教育部傳令嘉獎。正當四川大學步入正軌，並進入欣欣向榮的發展階段時，突然傳來正在南京的任鴻雋向教育部提出辭職的消息。川大師生聞訊後，文學院院長張頤與七十六名教授職員聯名致電教育部和任鴻雋，進行挽留。全體學生也召開大會，並致電任校長，要求他繼續主持校務。電報說：「本校自先生長校以來，校務蒸蒸日上，全校師生額手稱慶。近聞先生忽將引退，群情感然，現值本校正謀發展之際，尚非賢者高蹈之時，萬懇早日回校主持校務，不獨本校，亦國家民族之幸也。」(《國立四川大學一覽》，轉引自《四川大學史稿》，第 209 頁)但由於任鴻雋去意已決，教育部部長王世杰於 1937 年 6 月簽署了同意他辭職的訓令。

　　任鴻雋的辭職原因很多，細說來主要有兩個。一是他的改革觸犯了一些人的利益。比如他要廣納名師，並反對把四川大學辦成一個閉關自守、近親繁殖的地方性學校，就必然辭退一些思想陳舊、教學方法落後的四川籍教師，這就引來不少人的反對。據說他上任時，曾宣佈前任校長聘定的教授不算數，要另送聘書，無聘書者可以自謀出路。這一措施在教授中引起軒然大波，許多教授公開表示反對。這次反對雖然無效，但也為後來埋下隱患。

　　二是其夫人陳衡哲的有關文章引來惡意攻擊，終於導致他們憤然離去。陳衡哲是江南大家閨秀，她從小接受新式教育，是中國第

一位庚款女留學生，第一位北大女教授，第一位成功地用白話文寫小說的女作家，第一位參加太平洋科學會議的女學者。1936 年 2 月，入川不久的陳衡哲在《獨立評論》上發表〈川行瑣記——一封給朋友信的公信〉，披露她一路上的經歷和到達四川後的見聞感想。這是一組分四次寫成散文，分別刊登在《獨立評論》第 190 號、195 號、207 和 216 號。陳衡哲是文章高手，這組散文至今給人一種身臨其境的感受。從第一篇文章中，可以看出她對這次遠行極不適應。比如在重慶吃飯，就辣得難以下嚥；從重慶到成都，因為天氣不好，被折騰得夠嗆；到了成都以後，正值冬天，因為行李未到，房子走風漏氣，又買不到火爐，讓她大病一場。這一切，都讓她對四川產生不良印象。幾個月後，她發現這裏大多是陰天，太陽難得一見，因此不僅對「蜀犬吠日」有了深切體會，而且還對雲南有了真正的理解。她說，由於四川總是烏雲密佈，因此所謂「雲南」，就是「雲天雲地之南」了。她還幽默地說：「『四川』的名字不很恰當，因為一省之中，川流何止千萬，那能以『四』為限？倒不如把牠改為『二雲省』」(《獨立評論》，第 195 號，第 16 頁) 更恰當。為什麼要改為二雲省呢？她解釋說，因為除了天氣多雲以外，當地人還喜歡吞雲吐霧（吸鴉片）。

如果說自然環境和生活習慣還是個適應問題的話，那麼文化落後和政治腐敗則讓她不能接受。在〈川行瑣記（二）〉中，陳衡哲舉了三個例子來說明四川的落後。一是小孩子到處拉屎、砸汽車玻璃，沒有教養；二是女學生「寧為將軍妾，不作平人妻」；三是許多人吞雲吐霧，不把吸鴉片當作可恥的事。她認為四川的落後主要有兩個原因，一是軍閥，二是鴉片。只有徹底銷毀鴉片，人民有了

奮發向上的精神，才能對軍閥統治來個釜底抽薪。《獨立評論》發表這篇文章時，胡適在〈編輯後記〉中說：「這一期裏有兩篇文字都是寫四川的現狀的。衡哲女士的『四川的二雲』寫的是四川在那雙層密雲籠罩之下的黑暗。『壽生』先生的『二十三年代』裏面寫的那個黑暗慘酷的『桐尖市』，他用的地名雖然是捏造的，讀者當然認得出那是什麼地方。」（同上，第21頁）

　　陳衡哲的文章發表後，社會上反響很大。贊成者說：「您太客氣了，若由我來寫，哼，我不能僅僅說那麼一點。」有人甚至說：「這位陳女士真不知道黑暗哩。她那（哪）知道比她所說還要醜惡，還要壁壘森嚴的四川內地的情形，她說得真太少了。」還有的說：「您是外省人，您可以說真話，我們可不敢說。我們一開口，人家就罵，『為什麼你不投胎到外省父母的肚子裏去呀！』」但是陳衡哲在〈川行瑣記（三）〉中說：「這位朋友不知道，外省人說真話，也一樣要挨罵的」（《獨立評論》，第207號，第18頁）當地的幾家報紙甚至把這件事當作重要問題，連篇累牘地發表攻擊文章，並假造學生來信，說陳文是顛倒黑白，污蔑四川人的人格。對於這種狀況，任鴻雋不得不在《獨立評論》第215號發表〈關於「川行瑣記」的幾句話〉，說明言者無罪的道理以及陳衡哲的幽默和良苦用心。

　　平心而論，陳衡哲以她敏銳的感覺和獨特的視角，反映了四川的真實情況。有人以為她是因為物質生活不好而發牢騷，她辯解說：「我們這一群人在此的最大困難卻也並不盡在物質和環境上，雖然我們對於有些情形，有時也感到難受；但一想到現在正在被人吃，或吃他人之肉的四川災民，想到了四川內地人民的流離困苦，我們也就懷著一顆慚愧的心，自動的去和環境妥協了。」她還說，

在四川大學的教職員中，有一群非常努力的人。她覺得：「在一個
受過軍閥蹂躪的社會環境中，竟能找到這樣一群手持火把接前導後
的朋友們，真不能不使人感到格外的欽敬。」（《獨立評論》第 207
號，第 19-20 頁）這些話都是非常真誠的。

　　大約在 1937 年年初，陳衡哲離開四川，先行回到北平。她的離
開，可以用她自己在〈川行瑣記（四）〉中的話來形容：「一個受過
教育者的最重要的品性，第一是自尊。他不能讓一個在泥裏打滾的
人，把他也拉到泥裏去。」（《獨立評論》第 216 號，第 8 頁）在這
篇文章裏，她還講了兩個愛管閒事的故事，大意是管閒事本事是為
了對方好，但是卻受到對方的責難。這明顯地表達了她在四川的處
境。不過，她認為即便如此，也就能撒手不管。因為好人不管閒事，
會讓罪惡增加。因此她的大女兒說：「我想家父離開四川多少是有點
遺憾，雖然他從來沒有對我們表示過，但我設身處地來假想，倘若
我抱著一腔熱切的期望，想要建設一番事情，結果卻不歡而散，自
然也會感到很失望。但他始終不談這件事，只是淡淡地說，事情既
然到這個地步，我們所能作的就這麼多，以後就讓他們接著辦罷！」

　　任以都還說：「那時的四川，落後閉塞得不得了。他們剛到成
都，便有許多不認識的人一窩蜂跑到他們住的地方來，說要來看博
士，問他們看什麼博士呀？他們就回答說來看女博士。家母看到這
個場面，覺得啼笑皆非，因為她並沒有拿到博士學位，就算拿到了，
女博士又有什麼了不起呢？諸如此類的事情，讓她深深感到四川的
文化實在太落後了，加上家母又是心直口快的人，言語間常常透露
出對四川的不滿，可以說她是不太喜歡四川的。沒想到後來抗戰期
間，又到四川住了好些年。」（《任以都先生訪問紀錄》，第 89-90

頁，中央研究院近代史研究所民國八十二年出版）另外，從陳衡哲去四川沒有退掉北平的房子來看，她本來就沒有做長期打算，因此他們的離去，也是意料中的事情。

1949 年新中國成立前夕，任鴻雋夫婦去香港將子女送往美國並交代了中基會的財產後，又返回大陸。隨後他們定居上海，擔任過一些名譽職務。任鴻雋回來的一個最大願望，就是維持中國科學社及其事業，但是從 1950 年至 1960 年，中國科學社及其所屬《科學》雜誌、圖書館、研究所和所有房產資金，一個也沒有保住。到了 1961 年 11 月 9 日，七十五歲的任鴻雋與世長辭，可以想像他走的時候心情多麼沉痛。任鴻雋去世後，他在美國的兒女連回國奔喪的念頭都不敢有。據說任家在上海有一座別墅式小洋房，人們稱之為「任家花園」。但是 1974 年任以都第一次回國時，她看到母親的「生活環境很差，住的地方幾乎比抗戰時期還不如。」（同上，第 116 頁）

1962 年，長期被眼病折磨的陳衡哲應子女要求，寫了〈任叔永先生不朽〉。其中談到多年前任鴻雋曾經對她說：「你是不容易與一般的社會妥協的。我希望能做一個屏風，站在你和社會的中間，為中國來供奉和培養一位天才女子。」（同上，第 194 頁）這一細節也許有助於解讀他們夫婦離開四川的原因。在此之前，她還寫過許多詩詞，其中有一首〈浪淘沙〉是這樣的：

> 何事最難忘，知己無雙：「人生事事足參商，願作屏山將爾護，恣爾翱翔」。
>
> 山倒覺風強，柔刺剛傷；回黃轉綠孰承當？猛憶深衷將護意，熱淚盈眶。（同上，第 196 頁）

1976 年 1 月 7 日，陳衡哲沒有等到文革結束，在上海去世，享年八十六歲。任以都記得母親曾經對她說過這樣的話：「我們那一代人出去留學，都有一個理想，就是學成歸國，要為國家、人民盡點心力、做點事。你們這一代卻根本對公眾的事，沒有什麼理想，只願念個學位，找份好差事，這算什麼？」（同上，第 120 頁）

如果說任以都那一代已經是「沒有什麼理想，只想念個學位，找份好差事」的話，那麼如今的人就更嚴重了。我想，這就是我們與五四先哲的巨大差距，也是大家懷念他們的主要原因。

羅家倫的校長生涯

上篇：在清華大學

一、年輕的大學校長

　　1928 年北洋政府垮臺之後，羅家倫出任清華大學校長，當時他只有三十一歲。

　　羅家倫（1897-1969）字志希，祖籍浙江紹興，生於江西進賢。他早年在上海中國公學就讀，後來考入北京大學。在北大，他和傅斯年等人發起新潮社，創辦《新潮》雜誌。五四運動中，他被推選為學生代表，並起草了〈北京學界全體宣言〉。據說這份宣言是當時唯一的印刷品，而「五四運動」這個概念也是他最早提出來的。

　　1920 年，羅家倫從北京大學畢業後，正值上海實業家穆藕初斥資五萬元設立獎學金，資助「有能力、有學識、有領導才幹」的北大學生赴歐美留學，羅家倫、周炳琳、段錫朋、康白情、汪敬熙

等求五人被選中。這件事在社會上影響很大,清朝末年有五大臣出洋考察憲政,人們說這是北大的「五大臣出洋」。

出國後,羅家倫就讀於美國普林斯頓大學和哥倫比亞大學。後來他又去歐洲,先後在德國柏林大學、法國巴黎大學、英國牛津大學訪學。留學期間,他就撰寫《科學與玄學》一書,翻譯了劍橋大學史學教授柏雷的《思想自由史》,還積極參加各種政治活動。有研究者認為:「從他留學期間的言論和活動,可以看到他是位有思想和能力的愛國青年才俊。」(《抗戰前的清華大學》,第 27-28 頁,蘇雲峰著,中央研究院近代史研究所 1990 年刊印)

馮友蘭與羅家倫是北大校友,他是用河南官費出國留學的。他回憶到當年的情況時有這樣一段敘述:「在中國留學生中,大部分還是好好學習的,但是對學位的態度很有不同。有些人不要學位,隨便選課。有些人認為,只要有個碩士學位就夠了。因為要想得到博士學位,就要選一些學校要求選而實際上沒有多大用處的功課。」羅家倫和陳寅恪大概屬於那種只要學問不要學位者,而馮友蘭則是「想要得個博士」的人(《三松堂全集》,第 1 卷,第 54 頁,河南人民出版社 1985 年版)。注意這一情況,對於瞭解他們的思想、個性和成就,很有幫助。

1926 年羅家倫年回國後,擔任了東南大學史學教授。第二年,商務出版社出版《思想自由史》,他在譯者序言中說:「能為純粹的知識的主張而殉道,是人類最光榮、最高尚不過的事;能自己為思想言論自由作自覺的犧牲,以喚起他人對於此事的覺醒,是對於社會最有實利的貢獻。」(轉引自《抗戰前的清華大學》,第 28 頁)從這句話中可以看出他的理想和抱負。

　　然而就在這一年，即 1927 年，本來是準備為純粹知識而殉道的羅家倫，卻被捲入國民革命的風暴中。當時他不僅加入國民黨，還擔任了蔣介石的秘書。1928 年，國民革命軍揮師北上，日本政府為了阻擋北伐，出兵侵佔濟南，與我軍發生巷戰，釀成濟南慘案。在這次事件中，擔任外交事務的國民政府戰地政務委員委員蔡公時被日軍挖眼割耳，殘酷殺害。當時羅家倫也是戰地政務委員會委員，他與熊式輝到日軍司令部談判，面對氣焰囂張的日軍司令，羅家倫臨危不懼，表現出大無畏的氣概。儘管這次談判沒有成功，但是羅家倫的表現卻影響很大，令人稱道。

　　隨後，羅家倫隨軍進入北京。戰地動員委員會是一個接收單位，羅家倫是文化教育方面的負責人，因此在 1928 年 8 月 29 日，他被南京國民政府外交部部長王正廷正式任命為清華大學校長（《清華大學史料選編》第二卷上，第 49 頁，清華大學出版社 1994 年出版）。在中外教育史上，三十出頭就擔任大學校長的人，似不多見。

二、上任前的是是非非

　　清華大學的校長為什麼要由外交部長任命呢？這與它的歷史有關。

　　清華大學原來是由美國退還的庚子賠款創辦的留美預備學校，其目的是培訓可以直接插入美國大學二、三年級的學生。由於款項來自美國，整個交涉由外交部門經手，因此在 1908 年擬定的

「派遣美國留學生章程草案」中規定:「赴美留學生將由美國退還賠款支付費用。……外務部負責創辦培訓學校並任命留學生監督。」(《從清華學堂到清華大學》,第 11 頁,三聯書店 2001 年出版)這裏所謂外務部,就是後來的外交部;所謂留學生監督,相當於後來的校長。該培訓學校一開始叫遊美肄業館,後改為清華學堂、清華學校。一直歸外交部門管轄。

為了改變這種依賴外國培養高級人才的狀況,該校從 1916 年起提出要逐步改為大學,經過十年努力,到 1925 年才成立了大學部和國學研究院。這樣一來,清華就有三個相對獨立的教學單位:留美預備部不再招生,直到 1929 年在校學生全部畢業為止;大學部招收高中畢業生,接受四年專業教育,畢業後不再享受出國留學待遇;國學院招收大學畢業或同等學力的學生,研究以經史為核心的中國古代文化,培養國學教師以及終身從事學術研究的人才。在這個重要的轉型時期,全校師生從人員結構、教學內容到未來出路,都面臨著一系列變化和考驗。

1927 年南京國民政府成立後,清華的歸屬問題也提上議事日程。當時國民政府想讓清華大學隸屬於大學院(相當於教育部),但是外交部卻以歷史關係為由不願放手。這一點,從該校《南下代表報告書》中可以看出。該報告書說:「自大學院所召集之全國教育會議通過全國教育學術機關應歸大學院管轄後,大學院即根據此項原則,提議清華大學應直轄於大學院。經國民政府中央政治會議議決通過。故清華大學應歸大學院管轄,在法律上已不成問題。惟外交部始終聲稱與清華歷史上有特殊關係,不允完全放手。而大學院蔡院長,又素持禮讓態度,不願力爭。一則恐傷外交部與大學院

之感情，再則恐釀成僵局影響學生之學業。結果遂由大學院暫時會同外交部管轄。」（《清華大學史料選編》，第 2 冊上，第 50-51 頁）

這份報告書是 1928 年 9 月中旬寫的。在此之前，清華大學剛剛經歷了一個動盪不安的夏季，許多人由於時局混亂、政權更迭，對清華大學的命運非常擔心。據《吳宓日記》記載，早在 6 月初，清華園就因為「交通已斷，郵信不至」而人心惶惶。有消息說：「海甸一帶之共產黨將有所動作，先毀燕京、清華二校」，「校內之共黨將於今夜放火，焚燒校舍」。緊接著，「本校國民黨學生已於大禮堂前懸紅底之青天白日旗。又於校中到處，滿貼顏色紙條之標語。如劃除土豪劣紳，以黨為國，黨化教育之類。」（《吳宓日記》，第 4 冊，第 70-72 頁，三聯書店 1998 年出版）

到 6 月中旬，校園裏又有當局要解散清華的傳聞。陳寅恪勸吳宓：「清華解散後，仍圖居北京，則於學業進步較多。」吳宓說：「清華如解散，而京中又為北大派所壟斷，不能見容，則或者於輔仁大學等處謀一教職。薪金雖微，不計。到時再進行，今暫不須慮及也。」與此同時，吳宓還在日記中把「胡適、羅家倫之流」，視為「排除異己，以邪說曲學召世惑眾者」（同上，第 77 頁），也反映了他內心的想法和偏見。

7 月 15 日，陳寅恪借趙元任住宅設訂婚筵，吳宓與羅家倫都參加了。那天吳不僅寫了賀詩，還喝了很多酒。18 日，他聽說外交部已經為清華大學物色了三位校長人選，這三個人是凌冰、張歆海、羅家倫，「而以羅為最有希望云」（同上，第 91 頁）。

7 月 19 日，吳宓再次去趙元任家吃飯，在坐的還有錢端升、張奚若夫婦、金岳霖及其美國女友莉蓮。吳說這次飯局是 AA 制，

他懷疑這個飯局由趙夫人楊步偉發起,「似糾眾擁戴趙元任為校長,而由羅家倫暗中主持一切。」但是吃飯時大家並沒有提及此事,而是由「錢、張二君述南京大學院、外交部對於清華之態度而已。」(同上,第 92 頁)錢、張二人都是學者,當時又在大學院供職,他們的話自然非常重要。另外,楊步偉在回憶錄中也間接提到此事。她說:「……北伐以後,大學院又下了幾次的命令要元任做校長,元任屢辭不就並薦賢自代未准,但不久就派了羅志希來長校,好些事就一變當日的清華校風了。」(《雜記趙家》,第 256 頁,中國文聯出版社,1999 年出版)楊步偉爭強好勝,趙元任卻不愛管事。這些材料從不同角度反映了他們的個性和對清華命運的關心。

這一年暑假,吳宓南下探親,回來後羅家倫已經上任。羅出身北大,與清華沒有淵源,再加上他是國民黨黨員,因此能否獲得清華師生支持,他自己並無把握。8 月中旬,羅家倫派自己的學生郭廷以到清華瞭解情況。隨後郭廷以在一封長信中說,除了在京畢業生聲稱「羅某長校,誓死反對」外,學生會和大多數在校學生都對羅表示歡迎。另外,郭廷以還特意指出,「我師一再致意於吳宓,不知吳早已宣言不與我師合作」了(同上,第 30 頁)。

對於吳宓的表現,羅家倫似乎並不介意。9 月 4 日,吳宓與楊振聲會面,楊代表羅家倫再次向他致意,希望他能留下來繼續合作。楊振聲與羅家倫是北大同學,共同參加了五四運動,其小說《玉君》是現代文學史上享有盛譽。羅家倫上任時,特意把他和馮友蘭從北大請來,分別擔任教務長和秘書長。楊還說:「羅君不以個人意見為好惡,且平昔待朋友亦甚好」。直到這時,吳宓還是心存芥蒂,難釋疑慮(《吳宓日記》,第 4 冊,第 123 頁)。二人見面之前,

清華學生召開大會，驅逐了部分教工。吳宓懷疑羅家倫在暗中指使，因此他在 9 月 7 日的日記中說：「聞羅氏將以楊振聲為本校教務長。羅之與學生勾結，為之掃除障礙，似屬事實。如是辦法，豈可云止當？清華前途，益將陷於悲境矣。」（同上，第 125 頁）

三、學術獨立與「四化」政策

羅家倫是 9 月 18 日宣誓就職的。由於羅家倫的上任代表了國民政府的權力已經到達北方教育界，因此各方面對此都非常重視。清華董事會、北平政治分會、平津衛戍總司令、北平特別市黨部、市政府、外交部、美國公使館、燕京大學都派代表參加了這一就職典禮，新聞界也爭相報導此事。

宣誓儀式由國府委員周震麟監誓。宣誓之後，羅家倫發表長篇就職演說。吳宓在日記說：「……赴大會堂羅校長宣誓就職典禮。一切如黨國新儀，演說甚多。羅氏以（一）廉潔化，（二）學術化，（三）平民化，（四）紀律化。四者為標幟。又謂相容並包，惟賢是用云云。」（同上，第 130 頁）

羅家倫演說的標題是〈學術獨立與新清華〉。他說，在外交部任命他的「訓令」中，並沒有「國立」二字。這說明要他擔任的是清華大學校長，而不是國立清華大學的校長。為什麼有人要回避「國立」二字呢？他聽說這「是當時外交部長王正廷的主張，說是恐怕美國朋友看了不高興！」羅家倫接到任命後，蔡元培讓他擬定組織規程，他便與當時在大學院任職的張奚若、錢端升二人一同擬定了

清華大學組織規程。他說他憑藉「有一點革命的勁兒」，便在清華大學前面加了「國立」二字（《文化教育與青年》，第 116 頁，臺北華國出版社 1952 年出版）。他們擬定的文件經蔡元培核准，提交國務會議通過，才在清華大學前面增加「國立」二字。

在羅家倫看來，增加「國立」二字，是中國學術不再依附於外國勢力並獲得獨立的重要標誌。因此他在就職演說中說：「國民革命的目的是要為中國在國際間求獨立自由平等。要國家在國際間有獨立自由平等的地位，必須中國的學術在國際間也有獨立自由平等的地位。把美國庚款興辦的清華學校正式改為國立清華大學，正有這個深意。我今天在就職宣誓的誓詞中，特別提出『學術獨立』四個字，也正是認清這個深意。」（同上，第 107 頁）

這種見解代表了當時許多人的看法。他們認為，如果不能讓清華改變留美預備學校的性質，那就是中國的恥辱。因此他們有一種急切地把清華改為大學的願望。羅家倫入主清華之前，蔡元培已經把清華納入國立大學體制。羅家倫在演說中宣佈：「我今天在這莊嚴的禮堂裏，正式代表政府宣佈國立清華大學在這明麗的清華園中成立。從今天起，清華已往留美預備學校的生命，轉變而為國家完整大學的生命。」（同上）許多人把國立清華大學的成立，視為學術獨立的標誌。

這其實是只知其一，不知其二。所謂學術，是一種超越國界超越政治的追求真理的活動。因此教育獨立和學術獨立的含義，就不僅僅是擺脫對外國人的依賴，還包括不受政治等因素的干擾。羅家倫只強調前者，不強調後者，體現了他作為黨務工作者的局限性。對於這個問題，胡適、任鴻雋等老一代自由主義知識份子看得比較清楚。比如任鴻雋曾在《獨立評論》上撰文抨擊國民黨黨化教育，

許多學者堅持政黨勢力不能進入學校，就是基於這一理念。此外，把大學變為國立，完全由國家的力量來辦，也未必是好事。這是因為：第一，國家的力量應該是有限的，如果什麼事情都讓國家包下來，很可能把好事變成壞事；第二，民間蘊藏著豐富的教育資源和辦學智慧，私立學校是挖掘這些資源、發揮這些智慧的最好形式，所謂「學在民間」，說的就是這個道理；第三，從人類歷史上看，凡是對學術文化教育管制得比較鬆，就是一個開明的時代，相反則是專制黑暗的時代。羅家倫的演說雖然也談到蔡元培的「相容並包」，卻沒有強調思想自由和學術獨立的真諦，體現了他作為一個國民黨黨務工作者的局限性。

大革命時期，國民黨不知從哪裡學了許多不好的東西。比如喜歡用標語口號式的名詞術語，喜歡用軍訓的方式來統一思想、統一意志、統一行動。這些東西從在短期內十分見效，但是其副作用卻危害極大，也很難消除。

先說標語口號的危害。就在羅家倫上任之前，胡適在《新月》雜誌發表一篇題為〈名教〉的文章。胡適說，中國自古有一種名詞崇拜，他把這種名詞崇拜稱之為「名教」。他發現，「現在我們中國已成了口號標語的世界」，而這種標語口號不僅無用而且有害，因此他提出要「打倒名教」。羅家倫在就職演說中提出「四化」，並且給吳宓那麼深刻的印象，顯然有名教之嫌，這恐怕也與他加入國民黨有關。

在羅家倫的「四化」中，紀律化最引人注目。為了實現紀律化的目標，他一上任就把學生分為四隊，開始實行軍訓。他強調，實行軍訓既是全國教育會議的決議和貫徹教育方針和需要，「同時又是清華學生的要求和家倫個人的主張」。軍訓中，他要求學生一律

穿制服，按時作息，早晚點名，早操無故缺席就要記小過一次。為了以身作則，羅家倫和楊振聲也身穿軍服，腳穿馬靴，與學生一齊出操。按規定，記三次小過合一次大過，記三次大過就要開除學籍。著名邏輯學家沈有鼎當時還是學生，他一向自由散漫，經常不上早操，被記小過八次，眼看就要被開除了，正好冬天來臨，在大家的抵制下，早操被取消，他才得以倖免。另外，著名哲學家張岱年已經考入清華，因為受不了早操制約，又轉到師大。

短期軍訓既有新鮮感，又可強化紀律性，這些在當時都有明顯反映。但學校畢竟不是兵營，二者的最大區別，就在於前者崇尚自由，後者強調服從。羅家倫出身北大，又在歐美留學多年，對這個問題本來應該有明確的認識。但是作為國民黨要員，再加上挾北伐戰爭之餘威，就讓年輕的羅家倫頭腦有些發熱。好在他不是一意孤行的人，當軍訓遭到大家抵制時，他便知難而退了。儘管如此，「此事有損他的威信，學生對他的期待和好奇心也開始下降」（《抗戰前的清華大學》，第 34 頁），卻已經是無法避免了。馮友蘭也說：「在羅家倫所提的四化之中，學術化的成功最為顯著，軍事化的失敗最為徹底」。（《三松堂全集》，第 1 卷，第 320 頁）

四、確立教師的主導地位

除了軍訓之外，羅家倫還是治校有方的。他知道，要完成學術獨立的使命，就要改善教師待遇，提高教師地位，努力維護教授治校的管理體制。

　　羅家倫在就職典禮上說過：「要大學好，必先要師資好。為青年擇師，必須破除一切情面，一切顧慮，以至公至正之心。憑著學術的標準去執行。」（《清華大學史料選編》，第 2 卷上，第 201 頁）上任以後，他經過一番考察，發現八大清華存在八大問題：一、機關太多，冗員充斥；二、職員薪金過高，權力太大；三、浪費驚人；四、圖書太少，設備不足；五、在教師待遇上，重資歷不重學識；六、學生重考試不重學問，教師重教書不重研究；七、學生人數太少，教育成本過高；八、學科配置不合理，有名無實學系太多。基於這些認識，他開始對清華大學進行整頓。其中成效最明顯的就是淘汰機關冗員，提高教師待遇。

　　羅家倫認為，過去清華的工資並不高，只是不拖欠而已。國民革命成功以後，中山大學、中央大學和武漢大學教授待遇都已超過清華，再加上首都南移，恐怕很難聘到優秀的教授。至於機構臃腫的問題，馮友蘭曾有這樣的介紹：羅家倫在「教職員的待遇上，也有辦法。發出了一個通知，教員發新聘書，職員發新委任狀，突出聘書和委任狀的分別。在新聘書中，教員增加工資，在新委任狀中，減低職員的工資，特別減少大職員的工資。小職員的工資則未減少。這就提高了教員的地位。」這個辦法，教員固然擁護，職員不反對，也有表示情願自動減薪，只求能加委的。這些都是校長職權範圍內所能辦的事情。」（《三松堂全集》，第 1 卷，第 313 頁）

　　這件事影響很大，並改變了吳宓等人的看法。吳在日記中說：「……訪王文顯，悉羅校長力圖改良校務，並增善教授待遇，所認為庸劣及為學生攻擊之教授，固在所必去；而優良之教授則反加增其薪金。西洋文學系尤為滿意。宓之月薪，已內定增為＄340 元。

宓向不持與人比較或虛空立論之態度,自家能增四十元,亦佳事也。」(《吳宓日記》第四冊,第134頁)當時吳宓正暗戀著毛彥文。為了經常在一起,他向馮友蘭推薦毛擔任女生管理員。後來被馮對吳說:「彥事已與羅校長談過,羅似不以彥為然。」(同上,第140頁)

經過整頓,清華職員由上一年的九十多人減為七十餘人。過去的常設機構招考處、職業指導部被撤銷,舍務室、技術部被合併到其他科室,註冊部、圖書館等部門也精簡了人員。僅僅是裁減科室,就節約開支兩萬餘元。與此同時,新聘教授卻增加了很多。當時受聘來清華的著名教授除了楊振聲、馮友蘭外,還有錢玄同、沈兼士、朱希祖、張星烺、翁文灝、葛利普、吳之椿、浦薛鳳、克爾文、陳錦濤、鄧以蟄、孫鏞、吳正之、薩本棟、謝惠、陳楨、孫瑞林等「國內外學問能力頗為著稱之教授」(《清華大學史料選編》第二卷上,第11頁)。據統計,羅家倫在任時「解聘不力教員三十餘人,延攬優良教授多達四十餘人,並發送待遇與其他福利,使之安心教學和研究。」(《抗戰前的清華大學》,第51頁)

這樣一來,教師的地位大大提高。提高教師地位,不是要與職員一爭高下,而是為了維護學術的獨立和尊嚴,避免把清華大學辦成衙門。馮友蘭說:「當時有一種議論,說清華有三種人物,:神仙、老虎、狗。教授是神仙,學生是老虎,職員是狗。這話雖然有污蔑之意,也說明一部分的情況。」(《三松堂全集》第一卷,第314頁)

作為國民黨要員,羅家倫肩負推行「黨化教育」的責任。但是「黨化教育」的宗旨與清華自由主義的傳統格格不入。所幸羅家倫

畢竟是蔡元培得意門生，又在歐美接受多年自由主義的薰陶，因此他能夠比較妥善地處理這種矛盾。

羅家倫上任後，先後制定《國立清華大學條例》和《國立清華大學規程》，由主管部門頒佈。這是確立清華管理體制的兩個綱領性文件。這兩個文件都對教授會和評議會的職能有明確規定。但是在具體執行過程中，還有許多具體事宜需要酌情處理。比如在後一個文件中規定，各院院長由「校長就教授中聘任之」（《清華大學史料選編》，第 2 卷上，第 143 頁）。但是，由於院長是評議會當然成員，而學校的許多重要措施都要由評議會審議才能執行，因此教授們與羅家倫在這個問題上產生分歧，他們堅持院長應該由教授會選舉產生。最後羅家倫作了妥協，決定院長人選先由教授會提出兩人，再由校長從中選定一人。這不僅化解了校長與教授之間的矛盾，也維護了教授治校的管理體制。馮友蘭說，這種體制「一直存在到 1952 年院系調整時期為止。」（《三松堂全集》，第 1 卷，第 318 頁）這些話是上世紀八十年代寫的，鑒於當時的形勢，有些話不好明說，但他的意思還是非常明顯的。

五、保護清華基金的辭職風波

羅家倫上任兩個月之後，向清華董事會提交一份《整理校務之經過及計畫》，其中除了彙報到校經過、考察所得、整頓情況外，還提出一個「將來計畫」。其中比較敏感的有兩個問題：一

是運用清華基金，增添教學設備；二是改革清華基金的管理使用模式。

關於第一個問題，他說學校現有設備，都是留美預備學校時代留下來的，與一所大學極不相稱。於是他提出要搞六大專案：1、建築男女學生宿舍，2、建築自然歷史館，3、建築化學實驗室，4、擴充圖書館，5、建築辦公處，6、擴充圖書儀器。這六大專案需要資金八十五萬元，因此他提出應該動用清華基金，否則無法進行。

這樣就自然引出第二個問題。羅家倫指出：「大家都知道清華有八百餘萬的基金，算一算表面價值，似乎沒有什麼錯誤；但是如果合一合實價，就不免使人氣短。大家或者也知道清華基金已有虧折，但是為什麼虧折，尚實存若干，所存放的銀行是否可靠，均很難明確的解答。」他認為「清華的基金向來是一個啞謎，很少有人能夠明白其實情。」因此他提出要徹底清查基金，嚴肅追究責任。

關於清華基金的管理和黑幕，羅家倫是偶然發現的。1928 年初夏他還擔任戰地政務委員的時候，在北京看到湯姆生會計師事務所做的關於清華基金帳目報告。這份報告說，清華基金管理非常混亂，有人動用基金隨便買股票、買公債，還有的前一天把基金存入銀行，第二天銀行就倒閉了。另外，管事者還利用換匯等手段，堂而皇之地貪污公款。因此羅家倫說：清華「基金的保管，……以前在北洋軍閥政府時代，有一個清華基金保管委員會，是由三個人組織的，一個是外交總長，一個是次長，一個是美國公使。自然外交部占了多數了。橫直賠款是退還給中國的，隨便你怎麼辦，一個外

國公使也不會因此來得罪中國外交部。於是外交部裏的人，就把這幾百萬基金，隨意胡來，把他來做公債生意、來投機、來揮霍。總之誰管基金誰發財。」（《文化教育與青年》，第 116 頁）可見羅家倫的指責是有根據的。

當時清華董事會剛剛改組，對於羅家倫所提問題，董事會大多認可，但是卻不同意他動用八十五萬元清華基金的方案。無奈之下，他只好以辭職相抗爭。羅家倫說：「我的辭職不是對於黑暗的屈服。我是要以我的辭職，換取清華基金的安全與獨立，和清華隸屬系統的正軌化。」（同上）於是，在提出辭呈的前兩天，他草擬一份上萬字的長篇談話，以「所爭在議決案及制度問題」和公佈「本校一切經濟之實況」（《清華大學史料選編》，第 2 卷上，第 68 頁）為主題，寄給上海各家報社。在這份談話中，他不僅把湯姆生會計事務所的報告和清華基金的黑幕披露出來，還公佈了前任校長濫用公款的問題。這個談話在葉楚傖主持的《民國日報》公佈後，引起社會廣泛關注〔筆者按：台灣學者蘇雲峰在《抗戰前的清華大學》中說，羅家倫曾「在上海舉行記者會，公佈辭職理由」似有誤。參見該書第 42-43 頁〕。

隨後，羅家倫一不做二不休，先後拜訪了美國公使馬慕瑞、國府委員戴季陶、陳果夫以及孫科等人，並提出「改隸廢董」的議案。所謂「改隸」，就是改變清華大學原來兩部共管的狀況，由教育部單獨管理；所謂「廢董」，則是廢除清華董事會，並將清華基金轉交中華教育文化基金董事會保管。經過一番努力，教育部重新頒佈《國立清華大學規程》，取代了上一年頒佈的《國立清華大學條例》，從而使羅家倫的目的得以實現。

在「改隸廢董」過程中，羅家倫採取了許多非正常舉措。他說：「我承認我所取的辦法，有點非常，或者可以說帶點霸氣。但是向黑暗勢力鬥爭，不能不如此。要求一件事的徹底解決，不能不如此。老於人情世故的人，開始就決不這樣做。但是我不知道什麼顧忌。人家對我的仇恨我不管，我為的是清華的前途，學術的前途！」（《文化教育與青年》，第 119 頁）另外，馮友蘭也舉過一個具體的事例。他說，當年清華想招收女生，但「這個問題如果要跟有關部門商量，那就可能無休無止地討論下去」。於是，羅家倫就在招生簡單上加了男女兼收四個字，問題就解決了（《三松堂全集》，第 1 卷，第 313 頁）。從這個事例中也可以看出羅家倫的辦事風格。

六、從圖書館看羅家倫的貢獻

「改隸廢董」以後，清華基金於當年 8 月正式移交中基會。羅家倫爭取的六大項目得到資金保證。從 1930 年到 1932 年，生物館、學生宿舍、圖書館、氣象台先後落成。其中最漂亮而且影響最大的恐怕就數圖書館了。

凡是去過清華大學圖書館的人，都對它那富麗堂皇的建築和高雅肅穆環境讚歎不已。楊絳在〈我愛清華圖書館〉中談到，1932 年她去清華大學借讀時，中學時代的好友蔣恩鈿就對她說：「我帶你去看看我們的圖書館！牆是大理石的！地是軟木的！樓上的地是厚玻璃！透亮！望得見樓下的光！」一連串的

感嘆號，表達了這位清華女生的激動和自豪。進了圖書館，楊絳看到那無須油漆的軟木地板，便情不自禁地想摸一摸它有多軟，是不是可以掐得動。到了書庫，她都不敢落腳，生怕把玻璃地板踩碎。（《不盡書緣——憶清華大學圖書館》第 5 頁，清華大學出版社 2001 年出版）資中筠在〈清華園裏曾讀書〉中也說：「一進入那殿堂就有一種蕭穆、寧靜，甚至神聖之感，自然而然誰也不會大聲說話，連咳嗽也不敢放肆。……在那燈火通明的大閱覽室，浸潤在知識的海洋裏，有一種無限滿足的心靈淨化的感覺。」她還說：「第一次爬上窄窄的樓梯進得書庫望著那一排排談綠色磨玻璃的書架，真有說不出的幸福感，外加優越感」（同上，第 130-131 頁），這就是她非要考清華大學不可的原因。

清華圖書館不僅裝修考究，館藏豐富，使用方便，而且還有非常幽雅的外部環境。曹禺說，當年他在那裏寫《雷雨》，無論是「想到頭痛欲裂」還是「寫得太舒暢」，都要走出圖書館，才會在春風、楊柳、藍天、白雲、淺溪、綠草和水波上浮蕩的黃嘴鴨中，感到韶華青春和自由氣息。（同上，第 46 頁）

毫無疑問，大家都承認清華圖書館在「中國大學中絕對是一流」（季羨林語）的；但是，他們在讚美清華圖書館的時候，都隻字不提羅家倫的貢獻。

羅家倫對圖書館有他自己的看法。早在就職時他就批評說：「清華現在的弱點是房子太華麗，設備太稀少。設備最重要的是兩方面：一方面是儀器；一方面是圖書。我以後的政策是極力減少行政的費用，每年在大學總預算裏規定一個比例數，我想至少百分之二

十為購置圖書儀器之用。」他還說:「圖書館不厭舒適,不厭便利,不厭書籍豐富,才可以維繫讀者。我希望圖書館和實驗室成為教員學生的家庭。我希望學生不在運動場就在實驗室和圖書館,我只希望學生除晚上睡覺外不在宿舍!」(《清華大學史料選編》,第 2 卷上,第 202-203 頁)

　　1930 年初,羅家倫公開招標擴建圖書館。後來他在開工典禮上表示:「我對大學建築計畫的基本觀念是:圖書館實驗室一定要造得堅固,造得講究,使人進去工作時覺得舒服。體育館一定也要設備完好,……體育場一定要寬大,要多分幾處。至於宿舍,則一定要樸素,乃至於不甚舒適。必須如此,學生才不願意老躲在宿舍裏『高臥隆中』,而樂意上圖書館、實驗室、體育館和操場,發揚青年們蓬蓬勃勃,努力上進的精神。這才是我心目中大學應有的氣象。」(《文化教育與青年》,第 114 頁)

　　除了講究、舒適以外,羅家倫還有兩個原則:一是要為將來發展留下餘地,二是要有一個「偉大的閱覽室」。關於第一點,他說我們要接受芝加哥大學圖書館的教訓,該圖書館建成後,沒幾年就面臨書庫爆滿的困擾,以至不得不另謀出路。為此,他不同意當初要在原圖書館背後加蓋一個建築物,使之形成工字形結構的方案,而是主張把書庫建在北面,「使他有很大的地面可以不斷的推進。」幾十年後,清華圖書館在原來基礎上再次擴建,應該感謝羅家倫的遠見。至於第二點,羅家倫富於激情地說:「大閱覽室是最可以使人興奮,最能刺激人好學興趣的場所。所以這次在西面所建的大閱覽室中,預計可設一千個座位,而且每一個或兩個座位上都安置檯燈。諸位想想,將來有人一踏進這個閱覽室,看見一千個青年學子各個

都在座位上，面對著綠色的檯燈，靜靜地埋頭用功研究──這是何等可以使人感動的氣象！」（同上，第113頁）此外，羅家倫還在擴建後的圖書館一層增添許多研究室，供教授使用，這也是他的高明之處。

清華大學圖書館為中國養育了一大批優秀學者和文化名人，在這方面羅家倫功不可沒。

七、貢獻卓著，黯然離去

談到羅家倫對清華大學的貢獻，專門研究清華校史的臺灣學者蘇雲峰總結了八個方面：1、提前二年實現了前任校長曹去祥建立「完備之分科大學」的計畫；2、廢除董事會，使清華改歸教育部，不再受外交部牽制；3、健全了基金管理，穩定了經濟基礎；4、增加建築，添置設備，大大改善了讀書環境；5、重建教師隊伍，改善教師待遇，使之安心教學和研究；6、整理原有學系，強化理學院增加研究院所，延攬世界著名學者前來講學，提高了清華的學術水準；7、擴大招生名額，設立獎學金助學金，以培養更多人才；8招收女生，使女子教育機會平等。除此之外，他還認為：「羅家倫的成就，上承舊清華傳統，同時開啟了日後的新發展。人皆以為梅貽琦是清華大學的功臣，而不知道羅家倫的奮鬥成果，實為梅氏鋪下了一條康莊大道。」同時他也指出：羅家倫「年輕氣盛，好展才能，思想激進，好批評現狀不講情面，在當時社會文化條件下，必然會得罪他人。此外，羅家倫的國民黨背景對於「主張學術獨立於

政治之外的清華人而言,是難以容忍的。」這些都構成了他過早離開清華的因素。(《抗戰前的清華大學》,第 51-52 頁)

羅家倫是 1930 年辭職的。辭職的外部原因是 1930 年中原大戰,閻錫山控制了華北;內部原因是在學生會大會上,反對羅家倫的學生要求他辭職。據說這個議案一開始沒有通過,但是羅家倫不能裝聾作啞,便找馮友蘭等人商量。包括馮友蘭在內的一部分認為,這是對校長的侮辱和挑戰,因此應該提出辭職,以示反擊。羅家倫採納這個意見,便飄然而去。蘇雲峰說,在當時複雜的政治、文化、學術環境中,再加上各種利害衝突,只要有類似背景的人都會有同樣的下場,只是羅家倫的表現更有格調罷了(同上,第 53 頁)。

需要注意的是,從上任到辭職,羅家倫在清華大學只有兩年的時間,但是他卻是清華歷史上影響深遠、貢獻很大的人物。

下篇:在中央大學

八、受命於動亂之際

羅家倫提出辭職後,並沒有得到教育部批准。但是他去意已決,便獨自到武漢大學當了一名歷史學教授。不料蔣介石到武漢後,先是讓他回清華,後來又讓他到南京擔任中央政治學校教育長,並主持校務。中央政治學校的校長是蔣介石,其前

身是中央黨務學校，羅家倫曾參與該校籌備，因此他對這個學
校非常熟悉。

　　羅家倫對於政治有自己的認識。他說：「不要僅存批評現狀的
態度，要存如果自己接上來幹，如何可以幹得好的心理。我們痛罵
貪官污吏是不中用的，我們要自己平時有很好的修養，將來不會做
貪官污吏。」他認為，從事政治的人不僅要有專門的知識和技能，
還要有健全的人格。否則就只能是「有一技之長的書吏」或者「只
會活動的政客」。（《文化教育與青年》，第 124-125 頁）

　　1932 年 9 月，羅家倫被任命為中央大學校長。中央大學的前
身張之洞創辦的三江師範學堂。所謂三江，是指江蘇、安徽、江西，
後因三省之間的糾紛，遂改名為兩江師範學堂。辛亥革命後，兩江
師範學堂改為南京高等師範學校，簡稱南高師。1921 年，南高師
又改為東南大學，成為東南地區的最高學府。在此期間，校長郭秉
文起了至關重要的作用。1925 年，東南大學爆發更換校長的「易
長風潮」。這一風潮的起因和經過非常複雜，《南京大學史》說這次
風潮「源於國內的政爭」是有道理的。不過，該書以及其他研究者
似乎沒有廣泛涉獵當年關學術界對這一事件的看法。比如在《現代
評論》上就有著名學者王世杰、陶孟和、張奚若寫的文章。這些人
在學術思想界享有盛譽，他們的話對於瞭解這一風潮有所幫助。

　　有人說，撤銷郭秉文校長職務，是政治干涉教育的表現。為此
王世杰在〈東大風潮與教育獨立〉中說：東南大學自郭秉文被免職
以後，形成兩派。「擁郭諸人的表示，是要擁護教育獨立。教育獨
立確是應該擁護的；但是擁護教育獨立，決不就是擁護郭秉文。郭
氏趨附軍閥是無可諱飾的事實；他對外並沒有給東南大學保全一個

教育獨立的顏面。郭氏的東南大學是一個校長獨裁制的大學；所以他對內也不曾給東南大學立下了 一個教育獨立的基礎。」（《現代評論》，第 1 卷第 14 期）

　　郭秉文被段祺瑞政府免職後，接替他的是著名學者胡敦復。當胡敦復於 1925 年 3 月 9 日上任時，「擁郭派」學生在教授陸志韋、徐則陵帶領下，對胡敦復等人大打出手，釀成著名的「三‧九」事件。陶孟和在〈東大暴動〉中一方面表示不敢相信，一方面尖銳指出：這次暴動既反映了東南大學教育的失敗，也是「中國教育史上一個大污點。」（同上，第 16 期）

　　另外，有人指責郭秉文被撤換，是汪精衛、吳稚輝等人參與操縱的結果，其目的是為了推行「黨化教育」。對此，張奚若在〈黨化教育與東南大學〉中說：「據我看來，郭氏免職與一般人所謂『黨化』是毫無關係的。因為這件事是由東南大學內部發動的，不是由外面干涉的。內部發動的重要理由，是因郭氏有推翻評議會，取消工科，擅改校章，和其他種種不正大不規則的行為。」他還指出，新校長胡敦復被「擁郭派」教師雇傭流氓毆打凌辱，是無賴的「朋黨」行為。（同上，第 17 期）

　　當然，曾經在東大擔任教授並與郭秉文有矛盾的楊杏佛，在這次風潮中也起了很大作用。

　　1927 年國民黨定都南京後，將東南大學與江蘇境內的其他 8 所專科以上學校合併，改名為第四中山大學，簡稱第四中大。這種貪大求全和將所有大學都以「中山」二字命名的作法，自然不會長久。於是在 1928 年初，國民政府又下令將第四中大改為江蘇大學，但遭到師生反對，最後才做出改名為中央大學的決議。

1931 年「九・一八」事變後，中央大學校長朱家驊因本校師生怒打外交部長、打砸《中央日報》社，釀成「珍珠橋事件」而辭職。幾經周折，教育部任命段錫朋前來接任。段錫朋是江西永新人，早年考入北大，五四運動時擔任北京中等學校學生聯合會會長、全國學生聯合會會長。五四那天，他還是天安門大會的主席。為了對抗段棋瑞政府，同學們稱他為「我們的段總理」。因此他與羅家倫成為北大「五大臣出洋」的最佳人選。留學歸來後，他先在武昌大學和中山大學任教，北伐時在陳果夫手下供職。朱家驊辭職後擔任教育部長，他是教育部政務次長。

據羅家倫說，段錫朋雖然久居官場，卻沒有沾染一點腐敗習氣。抗日戰爭期間，他主持的中央訓練委員會本來是一百二十人編制，卻只有六十多人。之所以如此，是因為他覺得「老百姓太苦」的緣故。至於個人前程，他也有獨到的見解。比如當局想讓他出任某部部長，他堅辭不就。羅家倫問他為什麼要拒絕，他說「幹政治就得要有主張，有抱負，不然，我何必去站班。」羅家倫認為，段錫朋身上既有儒家氣象，又有墨家傳統。由於他在生活上律己太嚴，近於苦行主義，終於積勞成疾，住進醫院。在病中，為了節省開支，他只肯住三等病房。作為老同學、老朋友，羅送去一點錢讓他買營養品，他說什麼也不收。病危期間，醫生用氧氣對他進行搶救。他知道氧氣需要進口，便一再請求：「外匯，少用一點」，令在場的人無不感動。因此羅家倫有「亦儒亦墨亦真誠」的詩句來歌頌他的品行。

按理說，派段錫朋擔任中央大學校長本來是很合適的，但由於中共地下組織在中央大學十分活躍，他們在「珍珠橋事件」中甚至

「帶赤色臂章，打出共產黨旗幟」(《南京大學史》，第 150 頁，南京大學出版社 1992 年出版)。因此段錫朋上任時，許多學生高呼反對口號湧向校長辦公室，「部分學生扭打段錫朋，砸毀了段的小汽車。段錫朋極為狼狽，倉惶離校。蔣介石聞訊，後極為震怒，即刻下令解散中大。」(同上，第 118 頁) 這是 1932 年 7 月初的事

中央大學解散後，行政院派蔡元培、李四光、羅家倫等十人為中大整理委員會委員，對事件進行調查處理，可見所謂「解散」，其實是利用暑假進行整頓。整頓之後，羅家倫於當年 8 月 26 日被任命為中央大學校長。因此有人說他是「受任於動亂之際」。

九、校長的理想與大學的使命

羅家倫是一個有理想有抱負的人。1932 年 10 月中旬，中央大學重新開學，羅家倫為了陳述他的抱負和治校方略，在全校大會上作了〈中央大學之使命〉的就職演說。

羅家倫指出，在此國難當頭的時候，中央大學要承擔起「為中國建立有機體的民族文化」的使命。他認為一個校長首先應該與大家共同認清大學的使命，這樣才能「創造一種新的精神，養成一種新的風氣」。現在，中華民族已經到了生死關頭，作為首都的國立大學，我們對國家民族負有特殊的責任和使命，否則辦這個大學就沒有意義。他認為民族文化是民族精神的結晶，民族團結的基礎，一個民族要自立圖存，就不僅要在文化上有所創造，還必須使民族

文化有所寄託，而國立大學就是民族文化的寄託之處。如果大學不能承擔這樣的使命，就不能塑造民族文化精神，領導民族文化活動。

為此，他提出要樹立「誠樸雄偉」的新學風。所謂誠，就是對學問要有誠意，而不是把學問當作獲得文憑以及升官發財的途徑。他說，如果學者對學問都缺乏誠意，文化怎能不墮落，事業怎能不敗壞？所謂樸，就是以質樸的不計功利的態度埋頭學問，而不是把它拿來做門面、當擺設。所謂雄和偉，則是要改變中華民族柔弱的體質，萎靡不振的精神狀況，創造一種偉大的文化。他認為樹立並養成理想的學風，對於擔負起上述使命具有至關重要的作用。

在演講中，他還以柏林大學為例，說明在國難當頭的時候，努力創造新的民族文化，比政治改革和軍事改革還重要。基於這一認識，他指出「有機體民族文化」包括兩種含義：第一，大家要具有死裏逃生，復興中華民族的共同意識；第二，有了這種共同意識，才能「精神一貫，步驟整齊，向著建立民族文化的共同目標邁進。」因此他要求「無論學文的，學理的，學工的，學農的，學法的，學教育的，都應當配合得當」（《文化教育與青年》，第 142 頁），向這個方向努力。

這個演講表達了羅家倫的崇高理想和犧牲精神。他說：「我們主持教育行政的人，乃是犧牲了自己做學問的機會，來為大家準備下一個環境做學問的。這是大學校長的定義，這也可以說是大學校長的悲哀！」（同上，第 243 頁）與此同時，他想把教育納入「精神一貫，步驟整齊」的「有機」框架中，卻又帶著明顯的政黨意識和時代印記，在一定程度上違背了自由主義教育理念。

　　鑒於中央大學面臨的問題及其特殊情況，羅家倫曾說：「欲謀中央大學之重造，必循『安定』『充實』『發展』三時期以進。」（羅家倫：《中央大學之最近四年》，第1頁，無版權頁，係非正式出版物）他計畫各用三年時間來達到上述目標。他強調，安定中就要充實，充實時也要發展，因此這只是大致的劃分。遺憾的是抗日戰爭的爆發影響了他的計畫，使他的理想未能實現，使命也沒有完成。

十、建設世界一流大學

　　羅家倫主持中央大學十年，大至院系整頓、課程設置、添置圖書儀器以及發展建設、選擇新校址，小到關係到師生生活的柴米油鹽，都要過問。有人說他是好大喜功，他卻說他是要把中央大學辦成美國的哈佛大學、英國的牛津大學和劍橋大學、法國的巴黎大學、德國的柏林大學。為此，他在精簡行政機構、節約開支的同時，卻非常重視增添圖書儀器和教學設備。羅家倫上任前，有一年圖書儀器方面的開支是 36,582 元；上任後四年內，圖書儀器經費達到 11207,042 元，每年平均 301,760 元，是過去開支的八倍以上。羅家倫說：在「新增圖書，中文及日文書籍共四萬八千二百六十五冊，西文書一萬九千五百七十冊，中文雜誌二百六十六種，西文雜誌一百八十六種，卷冊均不及計。中文書中善本極多。西文書中亦多較珍貴者，……西文雜誌種數甚夥，其中……最可樂道者，則在此短期內，購齊西文全部雜誌計三十餘種」，即使價格昂貴，也要「不惜鉅資以購得之」（同上，第15-18頁）。這些數字，與他在離任前

所謂「我在中大十周年紀念冊上，發表一些統計數字，計約略四年多的時間共旨在圖書儀器及教學設備等項，為二百二十三萬元。為數過於預算的四分之一。西文專門雜誌定到七百餘種；重要的全套雜誌自出版以至當時的增購計六十種」(《文化教育與青年》，第 243 頁) 云云，有不小出入。這可能是統計內容不同所致，也不排除羅家倫有誇大之嫌。儘管如此，羅家倫捨得在圖書儀器和教學設備方面花錢，卻有口皆碑的。

羅家倫說：我在中央大學，「充實的不僅是圖書儀器，而且還有教學人才。聘人是我最留心最慎重的一件事。」中央大學因為地處首都，許多人都想把親朋好友安插在中央大學，但都被羅家倫拒絕。因此他在離任時能夠說這樣的話：「我撫躬自問，不曾把教學地位做過一個人情。縱然因此得罪人也是不管的。」(同上) 據說蔣介石曾問教育部長王世杰：「羅志希很好，為什麼有許多人批評他、攻擊他，這是什麼原因？」王回答說：「政府中和黨中許多人向他推薦教職員，倘若資格不夠，他不管是什麼人，都不接受，因此得罪了不少人。」(《南京大學史》，第 123 頁)

1934 年，羅家倫感到中央大學地處南京市中心，四周車馬喧囂，市氣逼人，既不是研討學問的環境，又沒有發展的餘地。他決定在郊區另覓新址，建造一所能容納五千至一萬人的首都大學。羅家倫的想法得到教育部長王世杰的有力支持。王世杰曾經是武漢大學校長，他在珞珈山主持建造的武漢大學校園，在三十年代初被胡適視為「中國進步」的標誌。(《走近武大》，第 5 頁，四川人民出版社 2000 年出版) 這時，正值國家急需航空人才，上面把這一任務交給中央大學。羅家倫利用這一機會，徵得蔣介石

同意和國民黨中央全會批准，先獲得兩百四十萬元建築費，新校園建設開始起步。

為了選擇合適位址，羅家倫在南京郊區四處尋覓，終於選定中華門外石子崗一帶為新校址。他認為，那裏山林起伏，氣象宏大，「不但環境優美，格局軒昂，而且其間有安置一切近代式的實習工廠和農場之餘地。再加上還有一條秦淮河的支流通過，更能增添校園景致。

羅家倫說，他這樣做是參考了英國牛津大學和劍橋大學的經驗，吸取了美國哥倫比亞大學和德國柏林大學的教訓才決定的。因此，他在詩中把新校址視為「理想的學術都城」，在回憶中把這一計畫當作「玫瑰色的甜夢」（《文化教育與青年》，第 245-246 頁）。經過緊張的準備，新校址於 1937 年 1 月鑿井，5 月正式動工，預計在 1938 年秋季便可落成。

這時的中央大學，除了文、理、法、教、工、農、醫七個學院及其所屬三十多個系科外，還有一個附屬牙醫專科學校，一個實驗學校，一個畜牧獸醫專修科，一個航空機械特別研究班，兩個研究所，一所實行義務教育的小學、二十二個實驗農場（同上，第 187 頁），其規模已經蔚為大觀。

十一、抗日戰爭中的大搬遷

正當羅家倫雄心勃勃地建設世界一流大學的時候，突然爆發的「七‧七」盧溝橋事變，打破了羅家倫「玫瑰色的甜夢」。

羅家倫說：「九一八事變和淞滬戰爭以後，中國學術界，尤其是大學，毫不挫氣，而且加倍邁進。從一二八到七七這一段期間，可以說是中國高等教育進步最迅速而最沉著的時候。中央大學也是和他的學術伴侶，在這邁進軌道上奔著前程的一分子。可是主持大學像我這樣的一個人，處境卻是困難極了。因為我是略略知道國防政策的一個人，知道中樞是積極的準備抗日；同時又是天天和熱血青年接近的一個人，他們天天在要求抗日。我在這方面知道的不能和那方面說，精神上的痛苦，可想而知了！」

盧溝橋事變的第二天，羅家倫正在廬山，他聽到這一消息後，知道一場大戰已經不可避免，他和最高當局不需要再忍辱負重了，於是他一掃以往的抑鬱，感到非常興奮。幾天後，他為學校招生出題的事飛回南京，同時開始佈置遷校事宜。在這方面，他顯然要比北方的著名大學佔有地理上的優勢。不過，羅家倫的未雨綢繆也不容忽視。早在一年前冀東事變時，他就讓總務處準備了一批裏面釘了鉛皮的大木箱。盧山談話會結束後，他先拿出五百五十只木箱，用來裝重要的圖書儀器。可以設想，如果事先沒有準備，事到臨頭，肯定是來不及的。

由於是突然事件，中央大學根本不知道該向何處搬遷。羅家倫派幾位教授分別去兩湖、四川尋覓校址。在這危急關頭，教授們不但顧不了家庭，還要承擔意想不到的風險。據說心理學教授王書林在湖南醴陵時，居然被當地縣長當作漢奸捉了起來，最後還是由朱經農出面才釋放。

經過詳細考查和慎重考慮，羅家倫決定除醫學院到成都外，其他各院系都遷往重慶。當時戰局還不明朗，有人主張在城外挖防空

壩上課，有人主張遷往上海，有人主張安徽，有人主張遷往盧山，還有人主張遷往武漢、沙市、宜昌，真是眾說紛紜，莫衷一是。為此，羅家倫拜見蔣介石，陳述他的理由，得到蔣的同意，才下了最後的決心。

他的理由是：「第一，我斷定這次抗戰是長期的，文化機關與軍事機關不同，不便一搬再搬。第二，所遷地點，以水道能直達者為宜，搬過小家的應該知道搬這樣一個大家的困難。第三，重慶不但軍事上為險要，而且山陵起伏，宜於防空。（同上，第 224 頁）從這三條理由看，羅家倫的確是少有的堪負重任的人才。

不久，敵人開始空襲南京，中央大學也被轟炸，破壞嚴重。在這種情況下，羅家倫指揮若定，他剛讓男女生從危險的宿舍搬出，那裏就遭到轟炸。他說這樣做這不是什麼靈感和直覺，而是因為有一顆負責任的心。

隨後，他率領教職員工，在戰火中井然有序地進行搬遷。經過兩個月多月努力，到 10 月下旬，中央大學不僅全部遷往重慶，還在嘉陵江畔的沙坪壩蓋起可以容納上千人的校舍。11 月初，中央大學在重慶正式上課，「這個速度，不能不算是一個紀錄！」（同上，第 228 頁）

羅家倫是個詩人，即使談如此艱難困苦的經歷，也是頗有趣味，頗有感情。他說：「我們這次搬家，或者可以算是較有計劃有組織的；幾千個人，幾千大箱東西，浩浩蕩蕩的西上，於不知不覺中，竟做了國府為主持長期抗戰而奠定陪都的前驅。這次搬來的東西，有極笨重的，有很精緻的；還有拆卸的飛機三架（航空工程教學之用），泡製好的死屍二十四具（醫學院解剖之用），兩翼四足之

流，亦復不少。若是不說到牧場牲畜的遷移，似乎覺得這個西遷的故事不甚完備。中大牧場中有許多國內外很好的牲畜品種，應當保留。我們最初和民生公司商量，改造了輪船的一層，將好的品種，每樣選一對，成了基督教舊約中的羅哀寶筏（Noah's Arc），隨著別的東西西上。這真是實現唐人『雞犬圖書共一船』的詩句了。可是還有餘下來在南京的呢？我以為管不得了。所以我臨離開的時候，告訴一位留下管理牧場的同人說，萬一敵人逼迫首都，這些餘下的牲畜，你可遷則遷，不可遷則放棄了，我們也不能怪你。可是他決不放棄。敵人是十一月十三日攻陷首都的，他於九日見軍事情形不佳，就把這些牲畜用木船過江。由浦口、浦鎮，過安徽，經河南邊境，轉入湖北，到宜昌再用水運。這一段遊牧的生活，經過了大約一年的時間。這些美國牛、荷蘭牛、澳洲牛、英國豬、美國豬和用籠子騎在他們背上的美國雞、北京鴨，可憐也受日寇的壓迫，和沙漠中的駱駝隊一樣，踏上了他們幾千里長征的路線，每天只能走十幾里，而且走一兩天要歇三五天。居然於第二年的十一月中到了重慶。我於一天傍晚的時候，由校進城，在路上遇見牠們到了，彷彿如亂後骨肉重逢一樣，真是有悲喜交集的情緒。領導這個牲畜長征的，是一位管牧場的王西亭先生；他平時的月薪不過八十元！」（同上，第228-229頁）這其實是當時社會風氣的一個縮影。羅家倫和竺可楨等人都說過類似的話，如果在學生時代就想占公家的一點小便宜，將來到社會上就可能是貪官污吏。

對於這件事，當年還是學生的王作榮說：「在所有內遷的學校中，中大是唯一事先有準備，臨危又不亂，將全部圖書儀器遷至後方，立即安定下來，維持弦歌不絕的一個學校。雖然其他中大老師

對遷校之功甚大，但究竟不能缺少當家者的氣魄與眼光。中大不僅圖書儀器全部內遷，連農學院的外國種牛豬雞等都經過一年多迢迢萬里的跋涉，而到達重慶。在化龍橋附近與羅校長的座車相遇，連天烽火，幾番生死，老友異地重逢，羅校長的詩人氣質又來了，單向熱淚盈眶，下車與那些畜牧擁抱親吻了一番。中大附近的居民常羨慕中大的校工廚司的談吐舉止，都有大學生之風，其實，中大的牲畜都有中大之風──樸實而有光輝。默默的走遍長江黃河，秦嶺蜀山來參加抗戰行列，多麼樸實，多麼光輝。」寫完這段軼聞後，他真誠地表示：「羅校長遷校成功應得到一個勳章」。(《走近南大》，第 54-55 頁)

十二、重視人格教育，強調特立獨行

中央大學在重慶的校址選擇在沙坪壩的松林坡。這裏景色是非常美麗，一邊是碧綠的田野，一邊是清澈的嘉陵江。鱗次櫛比的教室和宿舍以圖書館為中心，散佈在小山坡上，再加上松濤洶湧，花香襲人，儘管校舍簡陋，卻是個很好的讀書環境。入川經二年，由於流亡青年的湧入，中央大學學生增加到兩千多，於是羅家倫又在嘉陵江對岸的柏溪建立分校。柏溪是嘉陵江支流，這裏山巒起伏，恬靜幽雅，風景極佳。羅家倫以松林坡建校經驗，歷時兩個月，又蓋起數十棟校舍。據王作榮說，這裏「桃李滿園，……蔓草叢生，蛙鳴陣陣，蟲聲唧唧」，倒像一個世外桃源。(同上，第 44 頁)

　　羅家倫說，由於手裏有那筆建校款，因此他在南京沒有實現的理想，卻在兵荒馬亂中到重慶實現了。所以他感歎造化的安排使他「失之東隅，收之桑榆」。於是，中央大學學生人數由南京的一千多人增加到三千多，教師、學系也大有增加。當時日寇對重慶狂轟濫炸，中央大學也不能倖免。王作榮親眼看到，「一天下午敵機來襲，緊急警報已發出，大群的同學們仍在人行道上游來遊去。羅校長身著夏布長衫，兩臂伸張，不顧自身的危險，跟在同學們的後面追趕大家進入防空洞，像個牧羊人要保護他的羊群不受傷害一樣，那景象感動人極了。」（同上，第 55 頁）這一幕讓他終身不忘。

　　羅家倫對學生的愛護，還體現在人格的薰陶方面。早在抗日戰爭前，他就指出：「近年來高等教育令生知識的灌輸，而缺少精神人格的訓練」（《文化教育與青年》，第 158 頁）。抗日戰爭中，有人提出要用戰時教育取代常態教育。不少學生受其影響，也要求改變課程設置，接受速成教育。針對這種情況，羅家倫懇切地指出：有人「以為知識裏有一種『萬應丸』，一吞下去就有用，對於按部就班的學問，不耐煩學。在這抗戰的年頭，不耐煩是普遍的心理，也無怪乎學生。但是知識裏的『萬靈丸』是沒有的，世界上也決無速成的事。從前中國就害在日本的『速成法政』『速成師範』這些學校或班次上面，造成了一班『速成大家』回到中國來，什麼東西都是一知半解，做文章瞎吵卻是第一。你看民國元二年國會裏的人物，大部分都是日本速成的反映。『一點知識是最危險的事』，這是西方一句顛撲不破的格言。」（同上，第 203 頁）

　　1941 年 7 月 7 日，是盧溝橋事變四周年紀念日，羅家倫在這一天主持了他上任以來第十個畢業典禮。在這個值得紀念的日子

裏，他諄諄告誡自己：「我首先要說的就是青年到社會上去要有偉大而堅定的抱負。抱負是由理想而生的，所以不能不先有理想。我們不要專看見物質的現實，人事的現實，而把自己埋葬進去了。」

接下來他要求大家走出校門後無論如何忙碌，都不要放棄學問。因為「理想是人生事業的蓓蕾，學問就是滋養這蓓蕾的雨露。」另外，他還勸大家在工作讀書之餘，要留出閒暇來思考問題。在思考問題的同時，不但要讀專業方面聽書，還要讀常識和修養方面的書。他為什麼要這樣講呢？這是因為他認為「現在的大學教育，往往容易造成狹隘的專家，不容易造成豁達的通才」。他還指出：如果沒有堅實的學問做基礎，單純憑藉學生時代的激昂慷慨或斷指血書來呼號愛國，這種人是靠不住的。（同上，第 237 頁）

由於他擔心青年學生會誤入歧途，他告誡學生對黑暗勢力既不要偏激反抗，又不要同流合污。偏激反抗是拿千百萬人的生命作實驗，將國家民族的存亡當兒戲；同流合污則是非常可恥的人格崩潰。因此他希望大家要有特立獨行的精神，做轉移風氣的工作。走向社會之後，千萬不要只認校友，安插親信，因為「胸襟狹，格局小，藩籬隘，成見深的人，就無從講風度。」只有堅持「泱泱大風」海納百川的氣度，才是中央大學的作風。

十三、重視基礎科學，倡導通才教育

二十世紀三、四十年代的大學，遇到的問題與八、九十年代有點類似。當時社會上也有一股尊重科學、發展經濟的潮流，於是許

多年輕人在報考大學時，首先選擇原是經濟類和應用科學方面的專業。對於這種情況，羅家倫在題為〈一個天文學家的長歎〉的文章中有所反映。這篇文章有點像獨幕劇，其中除「我」和天文學教授外，還有哲學教授、物理學教授、工程學教授、經濟學教授和一位投考大學青年。因此羅家倫在文章前面特意加按語說：「請求讀者不要把這篇柏拉圖式的對話認作獨幕劇。」

故事在寒酸的哲學教授的客廳裏發生。面對當時的經濟熱，許多青年都一窩蜂地報考經濟系。於是，大家從各自的角度對此發表了看法——

哲學教授說：「……在提倡科學的時代，大家倒把純粹科學置之腦後。不知純粹科學是應用科學之基礎。」結果是「經濟！經濟！青年豈不是在發經濟狂嗎？」

物理學教授是個明白人，他說：「我想每個時代思想的變動，總是發動在文哲方面。你們才是精神方面的領導者，是社會思想的前驅；現在許多青年看不到這點，真是可惜。」

對於哲學教授感歎的經濟過熱現象，經濟學教授的分析很有道理。他說：「經濟系教的並不以銀行為主體，但是想來學的人，往往以進銀行為目的。」由於銀行的工作其他專業人才也可以做，未必非要經濟系學生才能勝任，這樣就形成一種奇怪的現象：「國家一方面培養人才而且需要人才，一方面又如此糟蹋人才，真是不經濟極了。」

面對教授們的感慨，投考青年申辯說：同學中「投考經濟系的，……都是受了家庭的命令」；而不報考理工的，「乃是因為中學的數理化教育愈來愈壞的緣故。」

故事的最後，一直沒有發言的天文學家仰天長歎，發出一句出人意料的哀怨：「天呵！你也得救救青年！」(《文化教育與青年》，第 256-260 頁)

這時的羅家倫，已經卸去中央大學校長職務。他寫這篇東西，既表達了自己的擔憂，也暴露了他的無奈。但是他在校長任上，還是做了許多工作和抗爭的。1942 年他離開中央大學時，他一方面回顧總結了自己的工作，一方面指出時代青年和大學教育存在的四大問題：

第一，「現在的青年對於『現實』太看重了，尤其是對於物質的現實。我們不能不認識現實。但我們決不能陷死在現實的泥淖之中；若是陷落下去，必至志氣消沉，正義感與是非心一道埋滅。我們應當作什麼一種人，將來為國家民族做什麼一些事，這主意在大學求學時代，就應該打定的。打定之後，在這時代的立身處事，為學為人，就應該立刻開始按照這標準做起。正當生活習慣的養成，是實現這高尚理想的階梯。我們唱高調責備流俗，是沒有用的。若是我們沒有抱負而只以個人的實利主義為前提，則我們於未問世之前，已經墜入流俗的潚潚之中而不自覺。在這彷徨的人生幽徑裏面，只有堅定而高尚的理想，是我們前途的明燈。」

第二，「現在的大學教育的缺陷，就是太注重學生的專門知識，而太忽視其整個人生的修養。所以大學往往只能造就專才而不能造就通才。往往只能造就一技之長的有用人才，而不能造就通達事理，氣度雍容的領袖人才。我不是說專門人才不要緊，我只是說一個專門人才能通達事理，氣度雍容，蔚為全部或局部的領袖人才，則其將來對於國家民族的用處更大。文學哲學和藝術

的修養是很重要的。這種修養，可以為你開拓意境，變化氣質，調劑性靈，使你人生更加豐富，更感覺得有意義。『質勝』『文勝』之說，中國古來教育家已經注意到了。我們今日仍不可忽視。人生是要經過千磨萬折的；若是平素沒有修養，一經磨折，便要流入偏激、煩悶、橫潰、或是悲觀的路上去。我們要知道中國俗語所謂『老和尚成佛要經過千修百煉』這句話，何況我們還不到老和尚的境地呢？」

第三，「現在大學的教育，往往把一個青年知識造好了，身體卻弄壞了。現在的大學課程，加在不用功的學生身上固無所謂，加在真用功的學生身上，卻是忙不過來。」

第四，「現在的青年，為時尚所趨，多傾向於應用科學，而忽視基本的理論科學。這也是不對的。在大學裏基本的理論科學，尤當注重。須知應用科學是從基本的科學原理中產生出來的。應用科學將來的發展，還要靠新的原理的產生，前途才有希望。」

第五，「現在的大學太重物的組織和科學，而不曾注重人的組織的科學。」

第六，「現在中國社會上喜歡牽強附會的人太多。牽強附會是由於一知半解來的。於是科學的精神，就在這種渾沌的空氣之中犧牲了。……所以我們青年對於非科學反科學的現象，必須盡力排除。」（同上，第248-251頁）

此外，他還提出大學應該承擔起為國家民族培養人才、為人類增加知識總量以及把握時代的精神需要等任務。

從此，羅家倫就再也沒有回到教育界。因此，這些話可以視為羅家倫對大家的臨別贈言。

　　羅家倫一生經歷非常豐富。他曾經兩次擔任大學的校長：一次是在北平的清華大學，為期兩年（1928-1930）；一次是在南京的中央大學，將近十年（1932-1941）。這兩所大學在中國具有重要地位，但由於羅家倫涉足政治較深，長期以來對他的評價不是比較膚淺，就是失之公正。因此，探討一下他在校長任期內的是非與得失、貢獻與教訓，是很有意思的事。

胡先驌與中正大學的命運

　　《不該遺忘的胡先驌》是今年出版的一本好書。作者胡宗剛長期致力於生物學史與知識份子的研究，因此在描述生物學家胡先驌方面，下了不少功夫，也有很大優勢。相比之下，該書在介紹胡先驌擔任中正大學校長時，卻顯得略微有點單薄。誠如胡宗剛先生所說，胡先驌不是一個困守書齋的專家，而是一位關心公共事務的知識份子。從上世紀二十年代初到四十年代末，他一直對教育問題非常關注，並發表過許多很有見地的文章。他出任中正大學的首任校長，這是一個重要因素。但由於多年來急功近利的教育早已造成一條很難逾越的專業鴻溝，再加上《胡先驌文存》的發行量太小（只有九百冊），使今人對生物學家胡先驌的教育思想瞭解很少。因此，仔細梳理胡先驌的教育理念，可以為當前的教育改革提供某種借鑒；認真反思胡先驌與中正大學的命運，可以找到教育危機的根源所在。

一、毛澤東説「他是中國生物學界的老祖宗」

　　胡先驌（1894-1968）字步曾，江西永新人。他的曾祖父胡家玉，是道光年間的探花，擔任過貴州學政、太常寺卿、都察院左都禦史等職。胡先驌以「步曾」為字，是要步曾祖父的後塵，以便光耀門庭。

　　胡先驌開口很晚，到兩歲才會說話，家裏人曾以為他是啞巴。正因為如此，他記憶力很強，四歲左右就認識幾千個字，並開始學《論語》和《詩經》。據說，胡先驌五、六歲時，家裏來了客人，曾在酒席上以「五齡小子」考他，他馬上以「七歲神童」相對，滿座為之驚訝。後來他父親（一說祖父）去陝西做官，他與母親到碼頭送行。臨開船時，他呈上一張小方紙，上面畫著烏雲密佈，水鳥低飛，小船逆水而行，旁邊還有題詩：「連日風和雨，孤舟遠遠行」。船至漢江，他父親恰好遇上畫中情景，便續了兩句：「可憐兒七歲，猶解宦遊情」。1904 年，胡先驌在南昌府應童子試，文章寫得很好，卻因為在交卷時不慎滑倒，被泥水弄髒試卷，未被錄取。當年的主考官沈曾植是胡家玉的部下，雖然對這孩子非常賞識，卻也無能為力。考完後他去沈府拜師，看到家中到處是書，便暗下決心，一定要像老師那樣學富五車，名揚四方。（參見〈緬懷先翁胡先驌〉，《國立中正大學》，第 166-169 頁，江西文史資料第五十輯；《不該遺忘的胡先驌》，第 12-14 頁，長江文化出版社 2005 年出版）。

　　1909 年，胡先驌考入京師大學堂預科，因頗有詩名，被譽為「太學十君」之一。在此期間，他曾經隨張之洞晉見慈禧太后，後來又參加了慈禧、光緒的葬禮。由於家庭出身和所受教育，胡先驌具有濃厚的忠君思想。辛亥革命後，他在母親的薰陶和科學救國思潮的影響下，對植物學產生興趣，並以此為終生志業。

　　1912 年，他考取江西省赴美留學資格，於第二年進入加州柏克萊大學農學院。1915 年加入中國科學社，開始在《科學》發表文章。1916 年，他學成回國，先在北京法政專門學校擔任英語教師，後來回到江西，擔任廬山森林局副局長，開始從事專業工作。1918 年，受南京高等師範學校聘請，擔任農科教授。1922 年該校擴充為東南大學後，胡先驌創立了中國第一個生物學系。據說他「講課從不發講義，只板書標題和少數科學名詞，而著重要學生去多讀植物學家的傳記和旅行記。」（《學林散葉》，第 283 頁，上海人民出版社 1997 年出版）

　　1923 年胡先驌再度赴美留學，在哈佛大學完成《中國有花植物屬志》，這是學術界首次對中國植物進行的全面整理。留學期間，他不僅研究植物分類學，而且受到西方公共知識份子的影響，開始關注政治、經濟、文化、教育等問題。1925 年，他獲得博士學位後回到南京，在東南大學和中國科學社生物研究所工作。

　　當時，中國第一代生物學家大多聚集在南京。為了把研究活動推向北方，大家決定在北京成立一個研究機構，胡先驌是其中最積極的倡導者。1928 年，北平靜生生物調查所在中華教育文化基金董事會的資助下正式成立，著名農學家秉志擔任所長，胡先驌擔任植物部主任。由於秉志還要負責南京中國科學

社生物所工作，無法兩頭兼顧，所以靜生生物所所長很快就由胡先驌接任。

　　靜生所主要任務是開展生物資源的調查和採集工作，並進行分類學研究。上世紀三十年代，靜生所在胡先驌領導下取得豐富的成果，胡也當選為中國植物學會會長，成為中國植物學界的領軍人物。1935 年中央研究院成立評議會，他當選為評議員。在此期間，他還創辦了廬山植物園、雲南農林植物研究所，積極開展植物調查活動。

　　抗日戰爭爆發後，胡先驌認為自己是國際知名學者，日軍不敢隨便動他，便留在北平，準備潛心於科學研究。但由於他多次去重慶開會，招致日軍懷疑，迫使他於 1940 年留在大後方。不久，國立中正大學在江西成立，他榮任該校首任校長，但是還沒有等到第一屆學生畢業，他卻因為保護學生而黯然離去。1945 年抗日戰爭勝利後，胡先驌重新主持靜生生物所工作。他一方面為戰後重建四處奔走，一方面發現具有「活化石」之稱的水杉。這一重大發現轟動了國際科學界。

　　這時國共兩黨之間重啟內戰，胡先驌因為不滿意國民黨當局，便希望把「認清共產主義之威脅而又不肯與腐化分子同流合污之智識階級人士」組織起來，成立一個類似英國工黨的政黨，用合法鬥爭的手段，謀求中國的政治出路（《不該遺忘的胡先驌》第 132 頁）。1948 年 9 月，胡先驌等十二位教授聯合署名的《社會黨政綱》問世，公開發表時改為〈中國的出路〉。該文首先聲明他們為什麼要參與政治：「這個動亂的時代，整個世界都在不安中，人們有一種普遍的政治覺醒，就是，如果我們不參與政治，別人

將要把與我們意志和良心相反的制度，強加到我們以及我們的子孫身上。」接下來在談到政治與經濟的關係時，他們認為：「人類的基本要求是生活的安全與自由，凡與此潮流相反的政治力量都絕不能長久存在。人類的進步理想，不僅是經濟生活的安全，更需要心靈的平安與知識的自由。換句話說，人類經過數百年的奮鬥爭得了政治民主，現在應當以民主政治的方式，再進一步爭取經濟平等。但決不應為了經濟平等而犧牲政治民主。因為沒有政治民主，經濟平等就失去了基礎，如果政治是在少數人獨裁之下，即使能有經濟的平等，也是賜予式的，統治者隨時可以改變可以收回這種賜予。」在這篇文章中，教授們一致表示：「我們對民主制度（政治民主經濟平等）的信念是堅定的。民主不僅是一種政治制度，而且是對於人生價值的一種信心，假如這種信心失掉了，人類也就不會有進步了。現在全世界的民主制度都在受著極權主義的威脅。……要民主憲政成功，至少須有二個以上像樣的較大政黨，然後人民始能有選擇，政黨始能彼此發揮監督砥礪的作用。」（同上，第 135-136 頁）這份綱領所表達的思想，應該是當時自由主義知識份子共同的心聲。

但是，這份綱領問世不久，國內政局就發生急轉直下的變化。胡先驌本想離開大陸，但因為捨不得這份事業，才留了下來。新中國成立後，靜生生物所被納入中國科學院系統，胡先驌也成為該院的一名研究人員。在五十年代初思想改造運動中，他是重點對象，不斷受到批判。有人指責他不願意罵一聲「蔣匪」，是沒有和蔣介石劃清界線。他私下說：「我不能罵蔣介石，罵了蔣介石，就等於變節。」（同上，第 159 頁）

　　1955 年，中國科學院成立學部，並選舉學部委員，胡先驌因為反對蘇聯生物學權威李森科的偽科學而落選。第二年 4 月，中共中央召開政治局擴大會議，討論毛澤東的〈論十大關係〉。陸定一在發言中提到胡先驌還不是學部委員時，毛澤東一邊說「那個人是很頑固的」，一邊又說：「恐怕還是要給，他是中國生物學界的老祖宗」。（同上，第 166 頁）儘管如此，他還是與學部委員無緣。

二、留美歸來，慨歎教育危機

　　胡先驌從 1916 年留美歸來到 1923 年再度留美，正好經歷了五四新文化運動。由於思想認識上存在巨大分歧，他對陳獨秀、胡適領導的新文化運動一直持批評態度。1922 年初，他與梅光迪、吳宓共同創辦《學衡》雜誌，成為中國文化保守主義者的一個陣地。一開始，他除了直接批評胡適的《嘗試集》之外，還發表過一篇譯文、一篇論文。這兩篇文章都與教育問題有關。譯文是哈佛大學著名教授白璧德的一個講稿，題為〈白璧德中西人文教育談〉（《胡先驌文存》，上卷，第 72-81 頁，江西高校出版社1995 年出版，書中舊式標點，本文引用時酌情改動），發表於《學衡》第 3 期。該文介紹了西方新人文主義的教育理念，也表達了胡先驌的文化取向。

　　隨後，他又在《學衡》第 4 期發表〈說今日教育之危機〉（同上，第 82-90 頁），正式提出自己對教育的看法和主張。該文開門

見山說：近年來中國教育的改革來自西方文化的壓迫。改革之前，中國的舊式教育雖然不重視物質科學的研究和科學的方法，但是其中「人文主義之學問，如經學文學史學等」，卻不亞於歐洲中世紀的水平。不久前興起的新文化運動雖然有普及教育、重視科學、促進民主等作用，但由於西方文化危機已經到來，如果我們放棄傳統文化，只知道一味地學習西方，就只能是買櫝還珠，前途「日趨黑暗」。這就是當前教育危機的癥結所在。

緊接著，作者對教育的功能作了分析。他說教育的作用有二個：一是養成治事治學的能力，二是培養健全的人格，二者不可偏廢。他認為西方教育雖然受功利主義的影響，但還有宗教補救；中國沒有宗教，卻有傳統文化可以起到相應作用。洋務派所倡導的「中學為體，西學為用」，就是以中學修身，以西學治事的意思。遺憾的是許多人把提倡傳統文化當作抱殘守缺，而一般青年又以為教育的唯一目的就是治學治事，於是他們往往把成為一個文學家、科學家、實業家、政治家或學問家當作自己的理想，至於正心修身的舊學功底，或者「以道義相砥礪聖賢相期許」的社會風尚，則被徹底拋棄。

在這裏，胡先驌把養成健全人格當作教育的主要目的，是正確的。他提出的即便是專家學者未必是一個人格健全的人，也具有非常重要的現實意義。問題是，他對洋務派「中體西用」觀的解釋雖然也有道理，卻沒有指出其維護專制統治集團利益的本質特徵，這恐怕與他家庭影響有關。另外，他把治學與修身對立起來也是有問題的。蔡元培等人一再告誡青年，讀書不是為了當官，也不是為了找個好飯碗，而是為了研究學問，就是因為研究學問與人格修養是一致的，二者並不矛盾。

在這篇文章中，胡先驌把批判的矛頭對準五四新文化運動。他認為歐美留學生回國後，擁有很人的知識優勢和就業優勢，因此他們既有廣泛宣傳西方功利主義資格，又有無情抵毀中國傳統文化的能力。但由於他們既不重視傳統文化，又不能對西方文化做深入研究，因此好一點的成為某一領域的專家，差一點的則成為賺錢的機器，或曰功利主義的奴隸。至於那些「自命為新文化之前鋒者」，也和這些人沒有什麼差別。他們求學時，唯一的願望就是想在社會上爭名奪利，因此本來沒有什麼修養，還喜歡標新立異。結果只能使西方偏激思想風靡全國，中國傳統文化歸於滅亡。因此，他們是當前教育危機的製造者，比西方功利主義的為害更大。與此同時，胡先驌還批評了剛剛傳入中國的共產主義學說。在此基礎上，胡先驌提出：歐美留學生既是教育危機的製造者，也是這一危機的解救者。他認為「今日中國社會之領袖，舍吾歐美留學生莫屬，」挽救中國教育的使命，必然落在他們的肩上。

從這篇文章中，可以看出胡先驌早年對教育的思考基本上是針對五四新文化運動的，其中雖然也有不少偏激的情緒，但也有許多合理的成份。

三、二次歸來，討論教育問題

1925 年，胡先驌留美再次歸來，擔任東南大學教授，發表過幾篇討論教育問題的文章，分別涉及到留學政策、師範教育、大學

獨立和博士考試等方面的問題。從這些文章中可以看出，作者的情緒化批判已經很少，理性化思考大大增多。

關於留學政策，胡先驌是在〈留學問題與吾國高等教育之方針〉（同上，第 284-299 頁）中提出來的。該文發表於《東方雜誌》22卷第 9 期（1925 年），是一篇上萬字的長文。文章說，在美國退還庚子賠款以前，中國去歐美留學者唯一的特點就是不通中文。後來中國留學生在美國創辦《科學》雜誌，有人拿給詹天佑看，詹表示非常吃驚，因為他沒想到留美學生居然能夠辦中文雜誌。胡先驌舉這個例子，是為了說明當年留美幼童的中文水平太低，因此他們學成回國後，影響不會很大。清末推行新政，掀起赴日本留學高潮。為了接待大批湧來的中國人並迎合他們急功近利的心理，日本人開辦了許多速成學校。速成的後果，就是對所學的東西一知半解：你說他懂吧，他並不是真懂；你說他不懂吧，他還能應付兩下。於是這種人所造成的危害，比完全不懂的人更嚴重。因此胡先驌指出，留日學生的「最大之短處，在不肯耐心由日本高等學校肄業以至帝國大學卒業，故鮮有高深之學問。」另外，日本大學的課程重視理論，不重視實習實驗，所以胡先驌在文章中又說：這些留日學生回國後，因為缺乏實際經驗，往往只能是「坐而言不能起而行」。那些在專門學校畢業的，也因為學術根基太淺而不能搞獨立研究，所以他們回國後除了在官場、學校或軍隊裏混事外，很少能夠勝任技術性工作。相比之下，由於到美國留學的難度更大，美國大學又重視實用，再加上美國的民主制度為國人所嚮往，因此留美學生、特別是庚款留美學生就大受歡迎。他們不僅在大學裏任教，還分佈在鐵路、工廠和銀行等領域，其成就也引人注目。但是留美學生也有

問題：一是有些人不通中文，既缺乏本國文化底蘊，又不可能對歐美文化有深刻理解，這種人充其量也是一個「僅有職業訓練而未受教育之人」，如果讓他們「為社會之領袖，其影響之惡可知矣。」二是有些人為了混張文憑，寧肯讀二三流學校也不敢報考第一流大學，這其實是為了學位放棄了學問。

胡先驌介紹說，日本的留學政策有兩個特點：一是為了與名人交往，以便增長見識，他們給留學生發放的津貼很高；二是為了開展研究，他們鼓勵有工作經驗的大學教授二次出國留學。相比之下，我國留學生的津貼只是日本的一半，而許多人認為讓大學教授二次出國，等於奪去別人的機會。他還指出，如果派遣留學生僅僅是學習普通大學課程，而不是為了研究高深學問，乃是重大失策。

關於高等教育，胡先驌提出兩點意見：一是主張教育獨立，二是倡導通才教育。關於第一點，他說解決留學問題不過是治標之策，只有教育獨立，才是治本大計。文章中提到即使國家民族之間有矛盾或隔閡，學術界也應該保持友好關係。在這方面，留學生具有增進兩國關係的特殊作用。當時他就估計，中國的留日學生可能起不到化解矛盾、消除戰爭的作用，這也被他不幸而言中。至於第二點，他以生物學為例，說有些學生以為學了生物系的課程，就可以成為生物學家。殊不知研究生物學首先要通德文和法文，因為這是治學的工具；其次要懂拉丁文，這是分類學的鑰匙。此外，研究育種學和植物生理學需要微積分知識，研究生物演變需要歷史地理知識，研究土壤學和生態學離不開地質學，研究植物營養學離不開物理化學……。更重要的是，通才教育的基礎是文史知識，這些知識對人格的陶冶具有至關重要的作用。因此他認為，單純的專門知

識不但不能造就第一流專家，而且還可能影響人格的健全發展。胡先驌的兩點意見，應該是當今教育改革的方向。

在這篇文章中，胡先驌還說中國人有一種「學位萬能」的誤區，以為一旦獲得博士學位，就無所不知。「殊不知區區博士學位所需之研究，實至有限，……而碩學如嚴復梁啟超者，又何嘗在外國大學，得一博士頭銜乎？」

他還指出，許多人想學工商政法，其實是升官發財的觀念在作怪。為了讓「智識界不為利祿所蠱」，他提出中國應該辦研究院，大學教授應該分教學和研究兩種，應該以優厚的待遇支持學術研究。他認為只有這樣才能改變老師待遇太低的狀況。此外，他還批評用量化方式來考核教師的作法，認為這種作法對教師的教學和研究有害無益。

1925 年，胡先驌還在《甲寅》雜誌發表〈師範大學制平議〉（同上，第 300-303 頁），批評當時的師範教育。胡先驌說，歐洲各國不僅沒有師範大學，就連教育學也僅僅是文科的附屬課程。美國人雖然對教育學頗有研究，但是也沒有專門的師範大學。之所以如此，是因為師範大學不過是為了培養中學教師，而中學教師只要讀完普通大學，再學一兩年教育學、心理學就完全可以勝任，因此設立師範大學沒有必要。但是為什麼中國的師範院校這麼多呢？他認為這是從日本學來的。這種急功近利的做法使師範學生除了教育學之外，對其他學科往往是淺嘗輒止，這樣就不可能培養出合格的教師。

就在這一年，東南大學爆發大規模學潮，胡先驌在《東南論衡》發表〈東南大學與政黨〉（同上，第 304-305 頁）的評論。這次學

潮是因為撤換校長郭秉文引發的，故稱之為「易長風潮」。學潮的背景和經過相當複雜，學界內部和社會各界也眾說紛紜。胡先驌是東南大學教授，他在文章中首先批評了國民黨是一個不能容忍異己的政黨，而研究系的反覆無常也使它「終難成一強有力之保守黨」，然後指出：郭秉文與軍閥政客周旋是不得已的事情，目的是為了學校的發展。他雖然在學術和政治上沒有一定主張，但他還是使東南大學成為一個「不受政治影響專事研究學術之機關」。胡先驌認為這一點非常重要，是關係到教育能否獨立的大問題，因此不應該「責人過苛」。

1933 年，胡先驌在胡適主編的《獨立評論》上發表〈論博士考試〉（同上，第 333-335 頁，《獨立評論》第三卷，第六十四號）。胡適與胡先驌曾被稱為「南北二胡」，早在 1922 年《學衡》創刊後，胡先驌就發表長達二萬五千言的〈評嘗試集〉，嚴厲地批評胡適的詩集是「鹵莽滅裂趨於極端」的「必死必朽」的文學，無論形式還是精神，「皆無可取」之處。胡適對此並未計較，只是在《嘗試集》第四版自序中說：「這幾句話，我初讀了覺得很像是罵我的話；但這幾句話是登在一種自矢『平心而言，不事漫罵，以培俗』的雜誌上，大概不會是罵罷？」緊接著胡適幽默地說，胡先驌教授把陀思妥耶夫斯基和高爾基的小說也稱為死文學，讓他們「陪我同死同朽，這更是過譽了。」（《胡適全集》第 2 卷，第 816 頁，安徽教育出版社 2003 年出版）到了 1930 年，由胡適負責的中華教育文化基金董事會編譯委員會成立時，胡先驌也是委員之一，由此可以看出胡適的氣度。《獨立評論》創刊後，胡先驌寫過幾篇文章，其中多數涉及生物學領域，只有這篇文章討論教育問題。當時教育部準備

舉行博士考試，胡先驌認為這是鼓勵學者從事學術研究的舉措，因此表示支持。同時他還提出，應該成立一個諸如中央研究院評議會之類的榮譽機構，對國內最有成就的學者表示鼓勵。中央研究院評議會是 1935 年成立的，不知與胡先驌這個建議有沒有關係。

四、榮任中正大學首任校長

抗日戰爭爆發後，胡先驌繼續留在北平，潛心科學研究。有人找他擔任偽職，被他堅決拒絕。據他的兒媳符式佳回憶，1939 年他曾經偷偷去過重慶，然後潛返北平。第二年 2 月他又離開北平，再次到重慶開會。由於他的言行已經引起日偽的注意，因此他只好去了昆明。第二次去重慶，是為了參加中央研究院評議會第五次年會，因為蔡元培逝世，還要選舉中研院院長。後來去昆明，則是為了看望兒女，並親自主持他創辦的農林所。符式佳說，初到昆明，胡先驌住在摯友任鴻雋家，她在那裏第一次見到未來的公爹。當年 7 月，胡先驌為大兒子和符式佳主持訂婚儀式。9 月，教育部的任命他擔任中正大學校長，他便離開昆明去江西泰和赴任。

中正大學是江西省政府主席熊式輝為了發展地方教育，向蔣介石建議成立的。為此，蔣介石撥出兩百萬元作為創辦經費。當時江西省會城市南昌已被日軍佔領，省政府遷往泰和，中正大學的校址就定在泰和的杏嶺一帶。據說，為了物色大學校長，熊式輝還頗費了一些周折。開始他想請晏陽初，後來又想到蔣廷黻、吳有訓等人，最後才決定由胡先驌擔任。中正大學以蔣介石字號命名，是為了紀

念這位領導全民抗戰的領袖。對於這件事，胡先驌在 1952 年思想
改造運動中交代說：「那時陳立夫本來是想任命吳副院長（按，指
中國科學院副院長吳有訓）去做校長的，而我卻是蔣介石所特別賞
識的人，我對於做官沒有興趣，此次卻做了第一任紀念國民黨領袖
的大學校長，我是引以為榮的，所以我便毫無遲疑地接受了這個任
務。」（《不該遺忘的胡先驌》，第 127 頁）胡先驌對於蔣介石，曾
經有一個由嚴厲批評到產生好感、進而相互信賴的過程。蔣介石沒
有因為胡的批評而耿耿於懷，可見他的氣度和對學者的尊重。關於
胡先驌與蔣介石的交往，胡宗剛先生在《不該遺忘的胡先驌》中有
詳細介紹，在此不必贅述。

　　除了蔣介石的賞識之外，胡先驌出任校長可能與他的籍貫有
關。據說熊式輝開始想把學校定為省立大學，但陳立夫不同意，只
好改為國立，因此找一位江西籍人士出任校長，容易讓各方面接
受。1941 年，為紀念熊式輝在江西主政十周年，胡先驌曾賦詩一
首，其中有「建國奠茲基，庠序育群英；十期雨露恩，桑梓日滋榮」
等句，由此可見他們的關係。

　　另外，胡先驌對家鄉教育特別關注。早在 1926 年，他就在《東
南論衡》發表〈致熊純如先生論改革贛省教育書〉（《胡先驌文存》，
上卷，第 321-326 頁），提出自己的主張。熊純如即熊育錫，此人在
清朝末年就開書局，辦學校，並擔任過江西省教育會副會長，辛亥革
命後又擔任江西軍政府教育局長，用胡先驌的話來說，是該省教育界
泰斗式人物。在這篇文章中，胡先驌提出五個問題：一、寬籌經費，
二、廣延人材，三、免收學費，四、改進學風，五、道德教育。他認
為教育經費是提高教師待遇、購買圖書設備的保障。「吾省不辦大學

則已，欲辦則必須辦一模範大學。」從這篇文章看，胡先驌對於應該
辦個什麼樣子的大學以及怎樣才能辦好大學是有過充分考慮的。十幾
年後他能夠當此重任，顯然與他一直思考教育問題有關。

中正大學是 1940 年 10 月 31 日正式成立的。為此，蔣介石專
門發來訓詞，其中談到他的教育主張是「文武合一」、「術德兼修」。
「所謂文武合一者，即恢復古代以六藝為教之主旨，俾吾在學青年
之精神體魄生活習慣，均無愧一戰鬥軍人之標準。所謂術德兼修
者，即謂教育之功用，不僅在傳習知能，而當以造就人格為基本。」
這些話與胡先驌的一貫主張非常吻合。此外，教育部長陳立夫也書
寫訓詞以示祝賀，熊式輝還為奠基石寫了碑文。碑文曰：「本大學
敬奉我民族領袖之名而名之，開創於戰時，建立於戰地，斷垣破瓦
中留此轟炸不爛之石奠其基。巍巍乎我民族復興之精神堡壘，莊嚴
偉大，百世之輝。」(《國立中正大學》，第 228-229 頁) 從當時的
情況看，中國人在最困難的抗日戰爭中，居然創辦一所國立大學，
這在中國歷史乃至人類文明史上，也是一個可歌可泣的奇蹟。

五、率真可愛的人格風範

據中正大學學生回憶，開學那一天，胡先驌「身著馬褂長袍的
中裝禮服，鼻樑架著一副寬邊玳瑁眼鏡，上唇還蓄著一小撮希特勒
式髭鬚」，主持了開學典禮。一周後，他在周會上對同學們說：「在
國外的知名大學，如牛津、劍橋，學生們是很難見到校長的，在校
四年，一般可能只有兩次見到校長的機會；一次是始業典禮，一次

是畢業典禮。今天，諸生能夠如此輕易地見到我，這是你們畢生的榮幸。」周會結束後，大家對這段開場白議論紛紛。有人說：「哇！好大的口氣！」有人說：「從來沒見過這麼自負的人！」也有人說：「我們的校長率性得可愛！」（《國立中正大學》，第 7 頁）

　　無論別人怎麼說，胡先驌的率真自負是一貫的。後來他在廣西大學講演，一開始就說：「我是國際國內都有名的科學家，我的名字早已在歷史上註定了！諸生今天能夠聽到我的講演，這是你們莫大的榮幸！」此言一出，全場譁然，有人還發出噓聲，但胡先驌卻視若無睹，繼續他的講演。講演結束後，掌聲四起，經久不息，說明大家對他的認可。

　　胡先驌主持中正大學時，經常請本校名師和校外名人發表演講。每次講完，胡先驌都要做個總結。當年到中正大學演講過的校外人士有張治中、陳立夫、朱家驊、鄧文儀、熊式輝、蔣經國、吳有訓、陳嘉庚等等，據說胡先驌的總結往往比演講人還要精彩。有一次，本校文法學院院長馬博廠做完學術報告，胡先驌居然毫不留情地提出批評，並且說：「想不到馬院長不學無術，一至於此！」據中正大學的學生說：「馬院長的確也是個處世圓滑的人物」（這可能是胡先驌不喜歡他的主要原因），再加上「他事先的準備不夠，講學的內容較為貧乏」，因此也只能怪他自己。（同上，第 9 頁）

　　在胡先驌的帶動下，中正大學師生把自己命運與戰爭的勝負、國家的存亡和民族的興衰緊緊聯繫起來。1942 年，日軍發動浙贛會戰，先佔領上饒、鷹潭、撫州等地，進而向吉安、泰和一帶撲來。中正大學一邊準備疏散，一邊成立戰地服務團，由胡先驌擔任名譽

團長，著名教授姚名達擔任團長，赴贛北等地慰問。為此，胡先驌
專門撰寫〈中正大學組織戰地服務團之意義〉。戰地服務團團歌慷
慨激昂，其中「書生報國今春時，我們是動員群眾的試金石」等句，
更是催人奮進。

姚名達先生出身於清華研究院，受業於梁啟超、王國維、陳寅
恪等人，梁的《中國歷史研究法》就是他紀錄整理的。此外他還有
《中國目錄學史》、《中國歷史研究法補編》、《章實齋年譜》、《程伊
川年譜》等著述問世。戰地服務團組建時，期末考試剛剛結束，團
裏一位學生問姚先生試卷看完沒有，姚先生回答說：「早看完了。
戰地服（務）團的團員一律八十分以上。你八十二分。」這位從小
接受良好教育的學生聽了以後，有些不以為然。他說：「那末對其
他同學有點不公平罷？」沒想到這句話卻把姚先生激怒了，他用炯
炯有神的目光盯住這位學生，嚴肅地說：「你以為我不公平？你是
讀過舊書的人，總該知道『士先器識而後文藝』這句話。」說到這
裏，姚先生又提高嗓門說：「一個做學問的人，最要緊的是做一些
立身處世的真學問。別人在準備逃難的時候，你們參加戰地服務
團，雖未必真能收到什麼服務效果，卻至少可以有一點振奮民心士
氣的作用，你們也可以體驗一下實際的戰場生活，這是當前第一等
的真學問。光讀幾句死書，強記幾個朝代、年號，有什麼用呢？」
（同上，第 155 頁）

說到考試，還要插進來一個話題。當年的師生對考試都有自己
的理解。比如俞調梅先生喜歡在星期天考試，但他「出的考題單憑
念書本是不容易做出來的。」（同上，第 3 頁）又比如在學校的規
章制度中規定：「考試時不得舞弊，凡舞弊者不論情節輕重，一律

勒令退學。這一點全校已形成風氣。不少教授在考試時離開考場，而學生同樣認真考試。不會發生舞弊行為。」（同上，第 75 頁）勒令退學有點過分，但是同學們在無人監考時也不會作弊，卻讓當代人有一種「白頭宮女說玄宗」的滋味。

話說回來，姚名達一行在前方不幸與日軍遭遇。他用日語向敵人說明自己的身份，卻無濟於事；無奈之下，他只好赤手空拳與日寇展開搏鬥，不幸中彈犧牲，同時犧牲的還有學生吳昌達。消息傳出，海內外為震驚。包括《新華日報》在內的各路媒體都多次報導他們的英勇事蹟。不久，江西省政府在中正大學禮堂為兩位烈士舉行公祭，各界人士和中外記者前來參加，曾出現從「碼頭到杏嶺，沿途路祭，萬人痛哭」（同上，第 160 頁）的感人場面。據一位校友回憶，他在學校看到胡校長哭過兩次，一次是這一年春末夏初，學校五十多人感染瘧疾，有半數「英年早逝」，學校舉行公祭，「校長踉蹌而至，慟哭失聲，久久無法自抑。」另一次就是「當姚、吳兩烈士的靈柩運抵學校大禮堂時，校長撫棺大慟。此情此景，至今歷歷在目。」（同上，第 15 頁）

然而到了 1949 年以後，這兩位烈士的稱號可能是不符合新的標準和規定吧，於是在 1952 年的一場洪水中，烈士墓被沖毀，墓碑也當了抽水溝的墊底石，居然無人過問。文革期間，杏嶺烈士墓更是慘遭破壞。直到 1987 年，民政部才為姚名達頒發「烈士證書」，1990 年，吳忠達的遺骸也被遷至浙江長興烈士陵園。至於商務印書館和上海古籍出版社先後再版姚名達先生的目錄學著述，則表達了文化學術界僅存的一點價值取向。

六、自由主義的辦學理念

　　胡先驌擔任校長後，一心要把中正大學辦成一所知名的高等學府。他曾經說：「英國有句格言，牛津大學拔了刀，全國跟著跑。我要做到中正大學拔了刀，全國跟著跑。」（同上，第 1 頁）為了實現「名人名校」的辦學理念，他先後請來蔡方蔭、俞調梅、戴良謨、張聞駿、周拾祿、葉青、雷潔瓊、王易、歐陽祖經、姚名達（又名顯微）、工宗和、劉乾才、潘大達、盧潤孚等人擔任教授。有一位名叫郭善洵的學生後來赴美國留學，最終成為知名的電腦專家。1978 年他應清華和中國科技大學邀請多次回國講學，留在國內的老同學問他改行有沒有困難，他不假思索地說：「當年正大有那麼棒的老師，使我大學四年學到的專業基礎理論很扎實，後來雖一再改行，毫無困難。」（同上，第 20-21 頁）

　　中正大學建校之初，擁有三院九系，即文法學院的經濟系、政治系、社會教育系，工學院的土木系、化工系、機電工程系，農學院的農藝系、畜牧獸醫系、森林系，另外還有一個研究部。第二年，文法學院增設文史學系，農學院增設生物系。胡先驌是生物學家，他本人有深厚的文史修養，因此非常重視文史研究。為此，他在杏嶺山坡上建起一棟兩層樓房供研究部使用。樓內闢有中山室和資料室，收集了大量資料，聘請了研究教授，既領導著校內的學術研究，又為師生們提供了方便。

除了研究院之外，學校圖書館的藏書也比較豐富，其中有「各種中英文書籍、刊物也不少，很多影印的外文書，紙張低劣，字跡不清，但總算滿足了學生讀書的需求。」（同上，第 4 頁）為了培養學生動手能力，學校還建有實驗室和實習工廠。當年負責採購的萬發貫回憶說，他曾經去福建購回一批圖書和物理實驗儀器，去桂林運回幾十台機床，途中既有日軍，又有土匪，其危難程度非親身經歷實在難以想像（同上，第 132-136 頁）。試想，在抗日戰爭最困難的時候，中正大學能夠盡可能添置圖書設備，真不容易。

除了圖書設備之外，胡先驌的學生的思想狀況和精神需求也非常關心。他認為，中國在物質生產方面遠遠不如日本，之所以能夠堅持抗戰數十個月，完全是因為我們有一種同仇敵愾的精神。為了贏得勝利，他在〈精神之改造〉（《胡先驌文存》，上卷，第 352-355 頁）中向學生提出五點要求：

第一，儘管我們周圍有許多不法奸商和貪官污吏還過著紙醉金迷的生活，但無論對國家還是對自己，那都是一條自取滅亡的道路。因此醉生夢死的生活方式必須改正。

第二，為了抗戰的勝利，我們在心理方面要養成堅忍不拔的自信心和奮發圖強的進取心，在生理方面在養成整齊清潔、守時守信的好作風。

第三，人總有一死，與其默默無聞地生，不如轟轟烈烈的死。因此，「苟且偷生的習慣必須革除」。

第四，不要貪圖過分奢侈的生活，更不要以不正當的手段獲取非法報酬。汪精衛、周佛海等人都是為了追求名

利、貪圖享受才淪為漢奸的。因此「自私自利的企圖必須打破」。

第五，好高騖遠、嚮往革命是青年的通病。但是，「中國只有大貧小貧之分，並沒有歐美資本主義國家中的資產階級」。何況這些國家正在通過累進稅等辦法「自然而然的走向均富的路」。因此，那種「紛歧錯雜的思想必須糾正」。

另外，他在〈如何獲得豐富快樂之人生〉（同上，第 356-360 頁）的演講中對學生們說，「物質享受是一種低級趣味」，豐富快樂的人生並不需要獲得很高的物質享受。現在許多人求學的目的不是為了精神的需要，而是為了找到一份好工作。這種人的志向未免太低了，將來也很難獲得豐富快樂的人生。他舉例說，有一位美國工程師掙了很多錢，但是退休後卻無聊得很。買了汽車，很快就玩膩了；買了留聲機，卻不懂得音樂；對於讀書和美術，也沒有什麼興趣。最後只能鬱鬱而死。

胡先驌指出：「古今中外名人樂於過簡樸生活的，不勝枚舉。」中國古代聖賢所謂「一簞食，一瓢飲」，所謂「朝聞道，夕死可矣」，與古希臘人追求真善美的精神是一致的。所謂真，就是真理，它包括精神上的真理和自然界的真理。前者有中外先哲留給我們的遺產，足夠一生去研究；後者的範圍廣闊無垠，也足夠我們畢生去探求。至於美的欣賞和善的修養，也完全可以充實每一個人的生活，使人生充滿快樂。因此他認為「我們一生的精力不應該限於職業，在從事職業之暇，應善自利用時間，去追求真善美，去追求世上無窮的知識」，這才能獲得豐富快樂的人生。

七、為保護學生而辭職

　　1943 年上半年，中正大學青年劇社在泰和城內舉行義演，演出話劇《野玫瑰》。第二天，當地的《民國日報》刊登一則簡訊：「國立中正大學青年劇社昨晚公演話劇《野玫瑰》，演出成績欠佳，秩序尤成問題。」該報由國民黨江西省黨部主辦，消息刊登後造成極為不良的影響，因此激起學生的強烈反彈。

　　關於這則簡訊的來歷，至少有兩種說法。其一來自當年的政治系學生，後來擔任過台灣校友會理事長的譚峙軍；其二來自當年經濟系學生，後來在長沙某中學擔任教師的鄒嗣奇。譚峙軍說，當時他正在主持這個劇社，公演第一天，《民國日報》一位姓項的記者把自己的招待券送了人，卻帶著女朋友強行入場，還搬了兩張椅子擋住觀眾視線，造成通道阻塞。負責前臺事務的同學勸他購票入座，他一口拒絕。於是維持秩序的警員只好在觀眾的噓聲中把他們趕了出去。但是，自稱前台主任並負責後勤和對外聯繫的鄒嗣奇，在幾十年後寫的加快文章中卻沒有提到這個情節，而是說開幕不久，一盞汽燈從舞台頂上掉了下來，引起台下騷動，幸虧演員經驗豐富，才使劇場秩序立即恢復正常。

　　無論如何，《民國日報》的簡訊激怒了學生，他們找報社交涉，認為這個報導失實，影響了劇社的演出聲譽，要求予以更正。但是報社方面卻始終虛與委蛇，毫無解決問題的誠意，直到義演結束，也沒有任何表示。在多次交涉終無結果的情況下，學生們在情緒失

控的情況下一哄而起，把報社砸了個稀爛，並且圍攻了省黨部，迫使省黨部主任越牆而逃。事件發生後，日軍乘機大做文章，胡說什麼國立中正大學反對抗戰，與中國國民黨發生激烈衝突。蔣介石聞訊也非常生氣，責令朱家驊等人嚴肅處理此事。為此，陳立夫和朱家驊先後來到中正大學，正在重慶的胡先驌也趕回學校。

胡校長回來後，馬上把譚峙軍找來，在詳細瞭解當時的情況後，對他說：「事情已經過去有一段時間了，現在你冷靜想一想，為什麼一定要去打報館？難道沒有別的方法可以解決？」然後揚了揚手說：「你不要不經思索便急於回答我的問題。你冷靜的想想，想清楚了，再回答。」譚峙軍想一半天，想不出更好的辦法，便回答說：「報告校長！我想過了！我實在仍然想不出更好的法子。——因為，當事件發生之後，我們已經把一切能做而該做的都做過了。」胡先驌聽完後，平靜而慈祥地說：「事情過去了這麼多天，你仍舊認為除了採取野蠻手段而外，別無其他方法可以解決，可見得也並非一時衝動。」說到這裏，譚峙軍幾乎不相信自己的耳朵，因為他完全沒有想到校長會說出這樣的話。胡先驌接著說：「不過，年輕人動輒打架，總是不好的！你們也應該受點兒處分。……既然不是你一個人闖的禍，那麼好漢做事好漢當，你叫所有去打過的同學大家簽名，你去吧！」譚峙軍正要出門，胡先驌又叮囑說：「你不要簽第一名，這種事兒沒有什麼鋒頭好出的！你懂不懂！」（同上，第14頁）

譚峙軍回到宿舍，召集同學們在兩張大紙上不規則地簽了名送了過來。第二天，公佈欄貼出佈告，對簽名同學給予處分。對於這件事，鄒嗣奇的說法大同小異。他說，胡校長回來後，曾召集全校

師生大會，他在會上幽默了幾句，然後掏出一張條子，提高嗓門說，這是蔣委員長的命令：「著中正大學校長迅即返校，懲辦為首學生」。但是怎麼懲辦你們呢？我看還是懲辦我吧！都是我教育無方，使你們闖下大禍。接著胡校長又將複電中央的內容向大家介紹一遍，其中有「教育無方，責任在我，事件已平息，對學生已作處理，未便變更」云云。最後胡校長說，儘管如此，我對你們還是要作點處分的。凡是去打了報社的，簽上一個名，各人記大過一次，但是不取消你們的助學金，也不影響你們畢業和畢業後找工作。（同上，第64頁）

不久，胡先驌果然辭職。對於他的離去，鄒嗣奇是這樣說的：「我們的老校長，赤誠待人，愛護學生，犧牲自己的精神，我們永遠不會忘記。」（同上）譚峙軍則說：「校長不惜以崇隆名位作了犧牲，來保全一群該受到嚴屬的、甚至開除學籍處分的學生；就像一隻慈愛的老母雞不顧自己的安危去庇護一群小雞仔一樣。校長的這一片『燃燒自己、照亮學生』的苦心與愛心，怎能不令人畢生感念！」他還說：「一年之後，當我們這一屆同學領到畢業證時，證書上署名的竟然不是步公校長！不少同學內心明白，自己的這張畢業證書實在是以校長的犧牲作為代價」換來的。（同上，第15頁）其實，胡先驌是非常看這份工作的。他有言：「（大學校長）在歐美各國歐美以名流碩學充之。如美國哥倫比亞大學聘艾森豪元帥為校長，即其一例。而在中國過去亦極重視大學校長之人選。過去無論矣。自民國建立以來，北京大學先後為嚴幾道、馬相伯、蔡子民所充任。以校長為一時之人望，故能增加大學之尊嚴，有名之學者亦易禮致。」（《不該遺忘的胡先驌》，第120頁）

　　關於胡先驌的辭職，胡宗剛另有看法。他在《不該遺忘的胡先驌》中說，胡先驌辭職表面上看是因為《民國日報》事件，其實是蔣經國所為。當年蔣經國為了擴大自己勢力，想把中正大學遷往贛州，被胡先驌拒絕。因此他向蔣介石進了讒言，才迫使胡先驌辭職。

八、抨擊專才教育，關注教育改造

　　胡先驌辭職後，仍然繼續關注教育事業，並於 1945 年底發表長篇文章〈教育之改造〉。該文與後來發表的〈思想之改造〉與〈經濟之改造〉構成一個系列，闡述了他在抗戰勝利後全面改造中國的主張。

　　〈教育之改造〉（同上，第 406-428 頁）大約一萬五千言，分七個部分。在第一部分「教育之目的」中，胡先驌首先指出教育與生活是密切相關的，所謂生活是指人生的一切活動，它「包括謀生之知能，物質之需要，身體之發達，保健之方法，求偶生殖之知能，求知之慾望，情感之發洩，道德感與美感之滿足，宗教倫理之信仰，德性之修養，政治社會之活動」等許多方面，因此教育的目的，在於指導與訓練每一個人，使人人都能在生活中儘量發展潛能，並達到盡善盡美的地步。用這個標準來衡量，他認為我國的教育制度遠遠不能擔負起這一重任。

　　為什麼會出現這種情況呢？在第二部分「生活教育之長成及其變質」中，胡先驌分析了問題所在。他說，我國古代教育中的六德（知、仁、聖、義、忠、和）六行（孝、友、睦、姻、任、

恤）和六藝（禮、樂、射、禦、書、數），曾著眼於人生的全面發展。當時在小學教灑掃、對應、進退，在大學教修身、齊家、治國、平天下，就是廣義的生活教育。只是後來逐漸偏重於知識教育和文字教育，才使教育與人生脫節，以至後患無窮。他認為這種情況是從漢武帝時代開始的。漢武帝為了獎勵學術，立五經博士，用高官厚祿引誘讀書人，致使求學不是為了生活、而是為了功名利祿，也使生活教育難以繼續。清朝末年，雖然廢除了科舉制度，但是許多人上學仍然是為了文憑、為了獲得一種資格而已。他痛切地說：國家與家庭每年耗費億萬資財、個人也要花費一生中三分之一的光陰來受教育，卻學了許多與生活不相干的事，這不是最大的悲哀和浪費嗎？

緊接著胡先驌在第三部分中分析了我國抄襲歐美教育制度的流弊。他說，我國現代教育制度是從歐美學來的，由於歐美教育基本上是「囿於求知」，不大重視個人修養，因此我們的學生在學校裏所學的知識，也僅僅是為升學做準備，如果不能升學，就幾乎沒用。即使是升了學的學生，也只知道學習專業知識，根本不注意道德修養和待人接物之道。至於國家大事和現行法令制度，更是茫然無知。因此，這種人除了專業知識外對其他事物幾乎一無所知，他們既沒有精神寄託，又缺乏個人愛好，一旦有點閒暇，除了酗酒賭博或放蕩人生外，什麼也不會幹。這都是教育的失誤。現在看來，胡先驌所謂歐美教育制度的問題，似乎早已解決，但我國教育制度的問題，卻更加嚴重。其中原因，需要進一步分析研究。

基於上述判斷，胡先驌在第四部分中提出要「確定我國之教育目標」，創立我國的教育制度。為實現這一目的，他認為首先要檢

討全部課程的內容，看看究竟應該設立哪些科目，應該用多少時間「研究修身之道」，用多少時間「研究應世接物治事之方」，用多少時間「研求如何作一國家之世界之公民」，用多少時間「研求專科之學問」，然後再編制一種「生活學」的課程，讓學生在個人修養和知識技能方面都能有所提高，並充分發揮自己的潛能。胡先驌還說，我國古代教育是文武合一，德術兼備；如今的教育是有術無德。有德無術，還可以努力做人做事，有術無德，則不可能成為君子，只能是個小人。

在第五部分「教育改造之要旨」中，胡先驌提出改造教育的十二個點意見，其中第一點就是「教育不可過於標準化」。他尖銳地指出：教育不僅要普及，還要培養天才；由於人的天賦不同，才能各異，比如綜合能力較強者分析能力就弱，喜歡文藝美術的可能不喜歡數理化，因此只有因材施教，才有可能挖掘每一個學生的潛質。現在的問題是人們對物質文化過於崇拜，把數理化捧得過高，讓它們在升學考試中佔有很大比重，這樣一來，所謂高考就和當年的科舉制度差不多了。此外，他還分別提出並闡述了「適應學生個性」、「培養高尚人格」、「建立宗教信仰」、「發展勞作教育」、「國民教育職業化」、「政治經濟知識之培養」、「發展健康教育」、「求偶生殖與育兒知識之傳授」、「女子教育之改進」、「重視美育」、「師範教育之改進」等問題。

作為一個生物學家，他對教育問題考慮得如此全面，已經很不容易了，但是在第六部分中，他還提出「改造教育制度之具體方案」。其中涉及到義務教育、中等教育、高等教育和僑民教育等問題。在高等教育的改造中，他所提出的大學校長和大學教授的資格與標

準，具有非常重要的現實意義。他說：大學是培養領袖人才的地方，是一個國家的最高學府。大學校長的地位極其崇高，政府當局和整個社會應該把他們「尊為賓師，決不可視同一般之高級政府官吏」，否則就會讓各種事務束縛他們的手腳，也容易使南郭先生濫竽其中。大學教授必須是「學術宏通品德高尚，可為青年表率者」，才能勝任；「品德不足以為青年師表者，雖有專門學問」，也不能聘任。為此，政府與社會也應該對大學教授「優其禮遇，豐其俸給」使他們能夠專心做「育英才潛心學問之盛業，而不為外物所誘」。

胡先驌認為「大學教育，既貴專精，尤貴宏通」。他強調：不應該讓大學生的知識過於專業化，而應該讓他們有自由選修課程、自由研究學問的機會。他認為大學課程設置的弊病是限制太嚴，必修課太多，結果是「大學教育在過度專業化積習之下，遂造成無數未受宏通教育之專家」。這些人的專門學問也許還可以，但是「高等常識，一般學術上之修養，則太嫌不足」，這種情況「尤以學應用科學如農工醫商者為甚」。他還指出：「今日醫學界之專業化，實為人類之災難。」

胡先驌告誡人們，更重要的是，如果「以此等專家領導國家社會，其害有不可勝言」之大。歐美大學之所以重視「自由教育」，就是基於這個道理。挽救的辦法是：「將專業課程之修習時間大為減少，而將自由選課之時間加多，同時規定學生捨專業課程外，必須選習相當數量之政治經濟社會歷史哲學科學美術等課程，以收『自由教育』之效。」另外，胡先驌還再次抨擊了「速成」思想。他說求學不僅僅限於大學四年，而是一輩子的事。只有「願獻身數

十年潛修學問，以謀國利民福者」，才能充當政府的首腦或顧問。
胡先驌的這些看法，無論在當時還是現在，都具有重要的指導意義。

九、後話

　　胡先驌去職後，中正大學校長由蕭蘧擔任。蕭是江西泰和人，
早年就讀於清華，後留學美國，畢業後曾在國內外多所著名大學任
教。他本來也是很好的校長人選，抗日戰爭後他還根據蔣介石的意
見準備在廬山白鹿洞一帶建立永久性校址，但由於內戰期間學生運
動此起彼伏，終於迫使他辭去校長職務。蕭走後，中正大學校長由
林一民接任。不久，遷校規劃擱淺，這時的中正大學，已經發展為
五院十八系的規模，並擁有教師一百八十一人，其中教授六十五
人，副教授四十六人，講師十七人，助教五十三人，在校學生保持
在一千至一千四百人之間。

　　1949 年 8 月，中正大學因政權易手，改名為國立南昌大學。
隨後江西省人民政府決定，以南昌大學和江西八一革命大學為基
礎，將江西省立工業專科學校、農業專科學校、體育專科學校等
合併進來，成立新的南昌大學。這可能是新中國第一輪合併大學
之舉。於是南昌大學成為一個擁有政治學院、工學院、農學院、
理學院、文學藝術學院和體育專修科的所謂「大學」。但是沒幾個
月，江西八一革命大學重新恢復，南昌大學又經歷一次不大不小
的折騰。

　　這還不算，到 1952 年院系調整時，該校被徹底肢解：實力最強的農學院除了森林系一分為二，分別併入華中林學院和南京林學院，畜牧獸醫系的畜牧專業合併到華中農學院之外，剩下的部分從南昌大學獨立出來，成立了江西農學院。與此同時，數學系、生物系、文史系、外語系、物理系、電機工程系、土木工程系、電機工程專修科、機械工程系、經濟系、體育專修科等系科，分別併入中山大學、武漢大學、湖南師範學院、華南工學院、華中工學院、華南師範學院、中南財經學院、中南體育學院、中南土木建築學院、中南礦治學院和華中師範學院。這次調整，共調出學生 1233 人，教師一百五十九人，使這所大學幾乎成為一座「空城」。到 1953 年，南昌大學改名為江西師範學院時，僅剩師範專修科一個專業，留下來的教師只有七十四人，其中教授十人，副教授十九人。這樣一來，曾經在抗日戰爭中弦歌不絕、並且為這場戰爭做出重大犧牲的國立中正大學，便不復存在。至於胡先驌本人，在經歷了一系列磨難後，於文革中去世，享年七十四歲。

　　1982 年 2 月，台灣成立國立中正大學籌備委員會，1989 年 7 月 1 日，國立中正大學在台灣嘉義縣問世。至此，原本在江西創辦的一所大學，卻在台灣獲得新生。幾年後，江西省政協主辦的文史資料出版《國立中正大學》專輯，提出「讓海峽兩岸攜起手來，讓記憶的光環重塑今日的輝煌！」（見該書概述）在這本書中，還有一份中正大學青年劇社的海報。從海報上看，這次演出是為了「慶祝首屆青年節暨籌獻青年號飛機」，演出的劇名是《阿 Q 正傳》，主演是蔣經國和謝兆熊。這件事超出後人想像，出乎大家意料。

　　於是我想，歷史的記憶的確非常重要，但如果沒有真正的覺悟和行動，所謂「重塑輝煌」，也只能是望洋興嘆。

國家圖書館出版品預行編目

中國近代教育的奠基者：八位大學校長 / 智效民著.
-- 一版. -- 臺北市：秀威資訊科技, 2009.11
　面；　公分. -- (史地傳記類；PC0098)
BOD 版
ISBN 978-986-221-328-5(平裝)

1. 校長　2. 傳記　3. 教育行政　4. 中國

526.42　　　　　　　　　　　　　98019999

 史地傳記類　PC0098

中國近代教育的奠基者
——八位大學校長

作　　者 / 智效民
主　　編 / 蔡登山
發 行 人 / 宋政坤
執行編輯 / 黃姣潔
圖文排版 / 鄭鉅旻
封面設計 / 陳佩蓉
數位轉譯 / 徐真玉　沈裕閔
圖書銷售 / 林怡君
法律顧問 / 毛國樑　律師
出版印製 / 秀威資訊科技股份有限公司
　　　　　　台北市內湖區瑞光路 583 巷 25 號 1 樓
　　　　　　電話：02-2657-9211　　　傳真：02-2657-9106
　　　　　　E-mail：service@showwe.com.tw
經 銷 商 / 紅螞蟻圖書有限公司
　　　　　　台北市內湖區舊宗路二段 121 巷 28、32 號 4 樓
　　　　　　電話：02-2795-3656　　　傳真：02-2795-4100
　　　　　　http://www.e-redant.com

2009 年 11 月 BOD 一版
定價：320 元

讀　者　回　函　卡

感謝您購買本書,為提升服務品質,煩請填寫以下問卷,收到您的寶貴意見後,我們會仔細收藏記錄並回贈紀念品,謝謝!

1.您購買的書名:＿＿＿＿＿＿＿＿＿＿＿＿＿＿＿＿

2.您從何得知本書的消息?

　　□網路書店　□部落格　□資料庫搜尋　□書訊　□電子報　□書店

　　□平面媒體　□ 朋友推薦　□網站推薦 □其他＿＿＿＿＿

3.您對本書的評價:(請填代號　1.非常滿意 2.滿意 3.尚可 4.再改進)

　　封面設計＿＿　版面編排＿＿　內容＿＿　文/譯筆＿＿　價格＿＿

4.讀完書後您覺得:

　　□很有收獲　□有收獲　□收獲不多　□沒收獲

5.您會推薦本書給朋友嗎?

　　□會　□不會,為什麼?＿＿＿＿＿＿＿＿＿＿＿＿＿＿＿

6.其他寶貴的意見:＿＿＿＿＿＿＿＿＿＿＿＿＿＿＿＿＿＿

＿＿＿＿＿＿＿＿＿＿＿＿＿＿＿＿＿＿＿＿＿＿＿＿＿＿＿＿

＿＿＿＿＿＿＿＿＿＿＿＿＿＿＿＿＿＿＿＿＿＿＿＿＿＿＿＿

＿＿＿＿＿＿＿＿＿＿＿＿＿＿＿＿＿＿＿＿＿＿＿＿＿＿＿＿

讀者基本資料

姓名:＿＿＿＿＿＿＿＿＿＿　年齡:＿＿＿＿　性別:□女 □男

聯絡電話:＿＿＿＿＿＿＿＿　E-mail:＿＿＿＿＿＿＿＿＿＿

地址:＿＿＿＿＿＿＿＿＿＿＿＿＿＿＿＿＿＿＿＿＿＿＿＿

學歷:□高中(含)以下　　□高中　　□專科學校　　□大學

　　　□研究所(含)以上 □其他＿＿＿＿＿＿＿＿

職業:□製造業 □金融業 □資訊業 □軍警 □傳播業 □自由業

　　　□服務業 □公務員 □教職　□學生 □其他＿＿＿＿＿

To：114

　台北市內湖區瑞光路 583 巷 25 號 1 樓

　秀威資訊科技股份有限公司　　　收

寄件人姓名：

寄件人地址：□□□

(請沿線對摺寄回,謝謝!)

秀威與 BOD

BOD（Books On Demand）是數位出版的大趨勢，秀威資訊率先運用 POD 數位印刷設備來生產書籍，並提供作者全程數位出版服務，致使書籍產銷零庫存，知識傳承不絕版，目前已開闢以下書系：

一、BOD 學術著作—專業論述的閱讀延伸
二、BOD 個人著作—分享生命的心路歷程
三、BOD 旅遊著作—個人深度旅遊文學創作
四、BOD 大陸學者—大陸專業學者學術出版
五、POD 獨家經銷—數位產製的代發行書籍

BOD 秀威網路書店：www.showwe.com.tw
政府出版品網路書店：www.govbooks.com.tw

　　永不絕版的故事‧自己寫‧永不休止的音符‧自己唱